U0579377

信息化背景下日语教学及生态课程构建研究

方　琦◎著

重庆出版集团 重庆出版社

图书在版编目 (CIP) 数据

信息化背景下日语教学及生态课程构建研究/方琦著. —重庆:重庆出版社,2023.8
ISBN 978-7-229-17829-1

Ⅰ.①信… Ⅱ.①方… Ⅲ.①日语－教学研究 Ⅳ.①H369.3

中国国家版本馆 CIP 数据核字(2023)第 146394 号

信息化背景下日语教学及生态课程构建研究
XINXIHUA BEIJING XIA RIYU JIAOXUE JI SHENGTAI KECHENG GOUJIAN YANJIU

方 琦 著

责任编辑:钟丽娟
责任校对:何建云

重庆出版集团
重庆出版社 出版

重庆市南岸区南滨路162号1幢 邮编:400061 http://www.cqph.com
北京四海锦诚印刷技术有限公司印刷
重庆出版集团图书发行有限公司发行
E-MAIL:fxchu@cqph.com 邮购电话:023-61520646
全国新华书店经销

开本:787mm×1092 mm 1/16 印张:9.5 字数:218 千
2025 年 1 月第 1 版 2025 年 1 月第 1 次印刷
ISBN 978-7-229-17829-1

定价:68.00 元

如有印装质量问题,请向本集团图书发行有限公司调换:023-61520678

前　言

互联网时代的到来，不仅对传统的教育观念和教学模式带来了巨大的挑战，也对信息化教育提出了新课题。日语是一门应用型学科，注重理论知识与社会实践的紧密结合，信息化发展为日语教学带来了机遇，因此，日语教学要不断探究新的教学方法，满足社会对日语教学的要求。在信息化背景下，日语教学要有效利用信息化资源，发挥信息化技术的优势，同时重视日语教学的生态化，构建日语生态课程，最终推动日语教学的创新发展。

鉴于此，笔者撰写了《信息化背景下日语教学及生态课程构建研究》一书，在内容编排上共设置六章：第一章作为本书论述的基础和前提，主要阐释日语教学的理论、日语教学的地位与任务、日语教学的目标与原则；第二章分析日语教学的主体与内容、过程与方法；第三、四章论述日语教学模式与教学策略、日语教学的信息化课程建设；第五、六章基于信息化背景，对信息化背景下日语生态课程构建、日语教学的创新与实践进行研究。

全书结构清晰，客观实用，既有日语教学的基本内容，又有信息化背景下日语教学的发展与创新实践，力求达到理论与实践相结合，为日语教学的未来发展指明方向，对日语教学工作者和一线教师的工作具有重要的参考价值，有较强的知识性与可读性。

在撰写本书的过程中，笔者得到了诸多专家学者的尽心指导与大力支持，获益甚多，在此表示真挚的谢意。由于涵盖内容较多以及笔者自身能力的局限性，尽管主观上尽了最大努力，但书中所涉及的内容难免有疏漏之处，希望读者提出宝贵意见，以便笔者进一步修改。

目　录

第一章　绪论

第一节　日语教学的理论支撑

一、日语教学的内涵与特性

日语教学就是教日语的人与学日语的人共同进行的教与学的活动，所谓教日语的人指在学校从事日语教学工作的教师，学日语的人指在学校学习日语的学生，而日语教学也主要指在学校或相关范围内开展的有组织、有计划的日语教学活动。在日语教学活动中，教和学各自具有不同的活动，不能互相代替。但在教学这个特定的范围和环境中，教和学又是不能分离的。日语教学也不是教日语和学日语的简单相加，而是辩证统一的两个侧面。尽管学生在课堂上自习或回家做作业时，教师不在；教师备课、批改作业时，学生不在。但这并不是教与学的分离，而是在进行各自独立的、不能相互替代的活动。

为了全面、客观地反映日语教学的真实面貌，需要把握其共性和多样性，这样有利于解释各种各样的教学现象；也有利于与时俱进，随着社会和科技进步而不断地改变、发展和创新。这里所说的共性，首先是指日语，即无论哪个阶段的教学，都是日语教学。无论哪一层级的日语教学，学生都会经历从不会到逐渐掌握相应的知识、技能等的学习过程。在这个过程中，针对遇到的各种各样的问题，教师需要采用相应的办法解决问题，提高教学效率。

多样性表现在我国的日语教学既涉及基础教育、高等教育，也涉及职业教育、社会办学教育。需要多种多样的教学资源，利用多种多样的教学形式，调动一切可以调动的积极因素，因势利导、广开学路。开设日语课程的既有一般学校，也有外语学校、职业学校。不同学校采用的教学手段各有不同，教学方法也不一样。即便是同一所学校、同一个年级或同一个班级，需要因材施教，保护学生的个性。教学内容的规格、教学方法的使用、教学效果的评价等都需要多样化、灵活机动，这才有利于日语教学的发展和教学质量的提高。为此，要在理论上认识和把握日语教学共性和多样性的辩证统一。

教学论是教育学的一个重要分支，是研究教学一般规律的科学。日语教学论是教学论的下位分支，研究范围主要包括日语的教学过程、教学目标和原则、教学主体、教学内容、教学组织形式、教学模式、教学方法与手段、教学环境及课堂管理、教学评价等。日语教学与其他学科教学一样，是教与学的实践过程。日语教学论是从日语教学实践中总结、概括出有益的经验和规律，使之上升为一个科学的理论体系。

二、日语教学论的研究分析

（一）日语教学论研究对象

日语教学论与一般教学论的整体发展相生相随，教学论曾被称为教学法、教学理论、教授学，主要研究学校教学现象，揭示教学的一般规律。教学论发展的早期，人们主要是探明教学成功与失败的因果关系。随着教育科学的发展，人们对教学现象的认识不断深入和全面。现代的教学论研究已经不能满足"教学方法与技术"，而需要追问更多的问题，如教学的本质是什么；教学过程是什么样的；教学过程中存在哪些规律等。研究这些基本问题，才能把教学原则、教学内容、方法的提出建立在科学研究的基础之上。总而言之，"日语教学论的研究对象和任务就是探讨日语教学的本质及相关规律，寻找最优化的日语教学途径与方法，这样才能达到培养社会所需日语人才的目的"。

（二）日语教学论研究基础

第一，日语教学论的研究必须遵循日语教学的客观规律。日语教学论要具有科学性，其根本的立足点是研究客观存在的、不带任何主观随意性的日语教学规律。日语教学论在涉及教学本质和相关规律时必须是客观的，要保证日语教学论的客观性和科学性，与"约定俗成"划清界限。日语教学论揭示的教学规律，一定要通过研究事实，在解决教学问题中进行观察、实验、分析、综合、抽象、概括，经过艰苦细致、曲折反复的过程而获得不同程度的成果，并通过建立自己的教学论诸范畴和理论体系具体地、系统地表述出来。

第二，日语教学论的哲学基础。日语教学论既要以实践经验为基础，也要以相关的科学作为理论基础。哲学中的认识论和方法论就是非常重要的方面。从哲学角度看，日语教学是一种特殊的认识过程。因此，必须以辩证唯物主义的认识论为指导。同时，日语教学又是一个整体，涉及其中各个方面的关系如何处理，这需要应用科学的方法论，即唯物辩证法。例如，教与学的关系，日语与汉语的关系，听、说、读、写技能之间的相互关系，教学理论与教学实践的关系等，都要用对立统一的观点去认识和处理。同时，日语教学活动不是静止的，而是发展变化的。随着日语教学过程不断推进，日语教学诸关系也会随之发生变化，如学生的日语能力由量变到质变等。因此，认识论和方法论会始终指导和伴随日语教学论的研究和探讨。

第三，日语教学论的教育学基础。日语教学论是教育学理论的一个下位分支，它与教育学理论是特殊与一般的关系。日语教学论需要专门阐述日语教学的性质、过程、原理、原则、方法、教学组织形式等，而教育学理论则不会涉及这么具体的学科内容。20世纪五六十年代，教育学理论把教学的主要任务看成是掌握知识和技能。对日语教学的影响表现为，教学内容上重视语音、语法规则的传授；教学原则上强调自觉性、科学性、系统性、可接受性、巩固性；教学组织形式为电视课堂教学。到20世纪六七十年代，教育学理论有了很大发展，开始注意发展学生的智力，培养学生的能力，在日语教学中也有所体现。由此可见，日语教学论受教育学理论的影响是必然的。

第四，日语教学论的心理学基础。学生如何学习和掌握外语，这是普通心理学、教育心理学，特别是心理语言学、外语心理学要回答的问题。这些理论关注并描述学生学习外语的心理过程，提供学生理解和领会外语新知识、习得和记忆语言材料的规律、言语机制等相关内容。日语教学与其他学科的教学一样，是师生的双边活动。日语教学要根据学生的学习心理过程论述如何组织教学活动，探索教学规律，确定教学原则，确定教学方法。只有把教和学这对矛盾协调一致，才能顺利地开展师生双边活动。可见日语教学论与心理学息息相通，需要以一定的心理学观点作为自己的理论基础。

第五，日语教学论的语言学基础。日语是语言的一种，日语教学论要回答日语教学的目的、日语课程教与学的内容或如何教如何学等问题都离不开语言学。例如，普通语言学关于语言性质、交际功能等学说为确定将口语作为交际工具的教学目标提供了理论根据；语言三要素（语音、词汇、语法）学说和言语活动（听、说、读、写）理论为确定日语教学内容、训练项目和课型设计等提供科学依据，有利于外语教学一般规律与我国学生学习日语的实际情况相结合；日、汉语的对比研究提示了学生学习日语的重点、难点、特点，也是不可忽视的重要方面。

语言学在其发展中不断丰富，产生了许多分支，如语音学、音位学、形态学、句法学、语义学和语用学等。其中，语用学是各分支中一个以语言意义为研究对象的新兴学科领域，它研究如何通过语境来理解和使用特定情景中的特定话语，这对口语教学具有十分重要的意义。此外，随着社会的发展和语言研究的不断深入，还产生了许多边缘学科，如社会语言学、心理语言学、社会心理语言学等。

总而言之，语言学是研究语言的科学，日语教学论是研究日语教学及其规律的科学，二者的共性是都以语言为研究对象，不同之处在语言学研究语言本身，而日语教学论研究日语教学。为此，需要在共性指导下研究特性，即把语言学作为日语教学研究的理论基础之一。如今，日语教学论已经不单纯是教育学的一个分支，而是一个综合性的研究领域。

各时期相关学术研究的扩展和深入都会对日语教学论研究产生不同程度的影响。随着时代的发展，一些新兴的跨学科研究取得令人瞩目的成果，如人类学、美学、传播学，还有"三论"（信息论、系统论、控制论）等都为日语教学论研究提供了新的视角、思路和方法，成为不可忽视的理论基础。借鉴和吸收多方面的研究成果，对构建、发展和完善日语教学论是非常有益的。

（三）日语教学论研究方法

日语教学论的研究与其他研究一样，需要科学的研究方法。

1. 对立统一唯物辩证法

日语教学论的研究最重要的是坚持辩证唯物主义方法论的指导，它可以使研究者实事求是，看到事物的本质，懂得共性和个性、绝对和相对的辩证统一，在研究中提出问题，根据事物的本来面目加以说明，进而做出明确的结论。此外，系统论、信息论、控制论使得辩证法更加具体化，它们横跨多种形式、层次和领域，强调对任何对象的研究都要从因素、结构、功能、相互联系方式、历史发展等方面进行综合的系统考察，它把各种运动形态抽象为一个信息交还过程，由于信息流动，特别是反馈信息的存在，使系统正常运动，实现有目的的控制。同时，信息可以量化，按照空间、规模、时间、速度对系统要素及其结构等逐阶分级，向每一个细微步骤提出最佳的量的要求，直到最后达到总体最优化。这一套方法对教学论研究具有重要意义，对口语教学论也不例外。

2. 定性与定量分析相结合法

日语教学研究必须充分占有资料，分析其各种发展形式，探寻这一形式的内在联系。如果只分析一种形式，不分析各种不同的形式，包括其发展形式，就不能恰当地叙述日语教学的现实情况。日语教学需要调查多方面的情况，包括日语教学的历史和现实、社会需求、教日语的教师、学日语的学生及其家长等。通常使用查阅文献、发放问卷、统计分析等方法，对各方面进行观察、实验、访问、讨论，如果不充分占有资料，不做广泛调查就可能重复别人的劳动。

要进行科学的研究，就要把定性分析与定量分析结合起来。无论是制定教学目标、编制课程或教材，还是教学效果检验、评定教学管理，都需要有个质量标准。日语教学要追求教学质量，质量既包括质也包括量，而以往的教学大纲，有的只规定了量，而没有质的要求。在外语教学中，既要规定字词的数量，也要规定达到质的要求，还要规定某一具体质量在总体中的比例，采用这样的方法才能使日语教学论的研究更加科学化。

3. 开展教学实验方法

开展日语教学实验对日语教学论研究非常重要，它可以排除自然状态下对教学的各种干扰因素，具有较强的目的性、针对性，在较严格的控制条件下让某种教学活动精确地、反复地呈现出来，以验证、修正、丰富、发展某种教学方案和理论主张。在社会生产、科技进步和各项事业都迅速发展的今天，没有教学实验就很难推进日语教学论的发展。特别是要探寻新的教学结构，要有所改革、有所创新，教学实验更是不可缺少的重要手段。

因此，为了日语教学论的科学化，就必须开展各种教学实验。虽然开设日语学科的学校数量少、地区分散，难以开展大中型教学实验，但小型或微型实验同样可以把科研和教学结合起来，简便易行，比较切实可行。只是这种实验需要理论指导，实验之前要有科学的设计或理论依据，实验过程中要实行严格的条件控制，取得相关数据并进行技术处理。实验后要进行科学的定性、定量分析，得出比较深刻的、科学的结论。当然，教学实验的方法还必须与其他方法相结合，才能全面完成日语教学论研究的任务。

4. 推论—验证法

所谓推论—验证就是日语教学过程中实际验证理论思维，得出一般教学论原理的正确性，通过实验来确定所得论点或原理是否适用于日语教学。近年来，教学论的许多新见解是从心理学引申出来的，例如，布鲁纳的课程论是从结构主义心理学引申出来的；斯金纳的程序教学设计是从行为主义心理学中引申出来的；洛扎诺夫教学法是从暗示理论引申过来的；赞可夫的教学论思想在很大程度上是应用维果茨基的心理学理论加以发展的。这是因为理论来源于实践又具有相对的独立性、能动性，可以走在实践的前面指导实践，为实践开路。所以，日语教学论中运用这种方法，可以加快认识客观现象、揭示规律、发现真理的进程。

5. 总结经验法

总结经验法是科学研究最基本的方法，日语教学论研究也不例外。总结经验与教学实验相比，虽然没有教学实验的方法那样的科学性和高效率，但是总结经验的丰富多样性、广泛性和直接现实性却是教学实验所不及的。特别是在检验一种理论的普遍性、避免片面性时，依据多数、长期的教学经验是非常必要的。要不断提高总结经验的水平，就要做到从实际出发，不回避矛盾，开展多种多样的教学实践，在总结过程中把握好标准、指标、数据，还要讲出道理，这样才能揭示出科学的教学规律。

6. 古今中外法

所谓古今中外法就是不隔断历史——古为今用，不排斥国外的理论和方法——洋为中用。但是，无论是"古为今用"还是"洋为中用"都不能直接拿来，而需要分析，批判地吸收。在强调独立自主的批判力、创造力的今天，先要弄清楚它们产生的背景、内容实质和应用条件的内容，在消化理解的基础上通过自己的实验进行检验和修正，甚至改造，再用现代科学理论和方法加以说明和论证，使古与今、外与中，逐渐融为一体，以适合日语教学的实际情况。

第二节 日语教学的地位与任务

一、日语教学的地位

日语教学是日语教育工作的组成部分，占有突出且重要的地位。学生接受日语教育，可以在学校、家庭或社会，其中学校是进行全面教育的场所。正式的日语教学主要是在学校里，由受过专业训练的教师，在教育行政部门领导下，按照日语教学大纲或课程标准规定的教学目标和要求开展的有组织的日语教育工作。

日语教学的地位是由社会发展需要决定的，日语教育是增长知识技能、影响思想品德、提高认知能力的活动。日语教学是在学校教育活动中，教师与学生的教学相长、相互联系、相互作用的活动。这与其他学科教育具有共性。总之，教学的目的是教育，教育的手段是教学。由此可以看出，要实现教育目的，需要通过教学这个重要渠道。教育是宗旨，教学是践行教育宗旨、实现教育目标的途径。如果没有教学，教育就是一句空话，所以教学在教育中处于核心地位，日语教学也不例外。然而，不能因此就只专注日语教学，忽视日语教育的目的。不少日语教师认为自己的工作职责就是教好日语，与日语教学没有直接关系的都无关紧要。这种思想会使日语教学疲于传授日语知识，片面追求应试和升学率。这在很大程度上影响了日语教育工作的健康发展。日语教育在国家整体教育工作的一部分，必须符合国家的教育方针、教育改革和发展规划。要通过日语教学这个重要的手段和途径，为国家培养所需人才，为提高学生综合素质，促进学生健康成长做出应有贡献。

二、日语教学的任务

（一）日语教学的一般与特殊任务

日语教学的一般任务是各教育学段、各学科共同的发展趋势、努力方向及统一的基本任务：面向全体学生，贯彻德智体全面发展的教育方针，实施以思想道德教育为核心的素质教育，培养社会接班人。日语教学的特殊任务主要是使学生掌握日语学科在各个学段需要掌握的、其他学科无法替代的知识、技能及与之相关的各种能力。一般任务与特殊任务的关系是，一般指导特殊，特殊体现一般。一般任务的制定和特殊任务的制定都是重要的，轻视任何一个方面都是错误。

（二）日语教学任务要重视科学性

日语教学论指导日语教学实践，其提出的教学任务应该符合教学规律，具有合理性、科学性，帮助教学一线人员提高认识，更新教学理念。确保所提教学任务的科学性其实是很难做到的。因为各地区、各阶段、各层级的日语教学不一样，教学任务也有所不同。所以，无法阐述统一的教学任务，只能研究提出教学任务的依据和方法，供不同地区、不同阶段、不同层级提出教学任务的人或组织参考。

第一，日语教学任务与其他教学任务，甚至其他各领域的任务一样，必须是主观与客观相结合、必要与可能相结合的产物。日语教学提出的任务，是在所处时代、国家、学校必须实行和可能实行的。因此，在提出日语教学任务时，需要先思考：实现这样的任务需要哪些条件；随着社会发展和科学进步，会出现哪些新的可能性；在认真思考这些问题的基础上，再提出日语教学任务会比较切合实际，完成任务的可能性也会比较大。

第二，日语教学任务是教育方针总目标与日语教学实践相结合的产物。教育方针是国家提出的、各学科实施教学时都必须遵循的。如促进学生德智体全面发展就是各个学科、各个阶段教学的共同任务。同时，日语学科有自己的特点和特殊性，与其他学科不同的教学内容和方式。例如，日语学习总要掌握"五十音图"，了解日语的言语行为特征、学习运用日语的方法等，而这些是其他学科没有，也不一定涉及的。在明确了国家教育方针总目标的前提下，结合日语教学实践，才能实事求是地提出日语教学任务，贯彻、实施日语教学任务时也会提高自觉性。

第三，日语教学任务是外部要求和教学内部规律相结合的产物。从外部看，日语教学任务总要反映一定社会、生产和科技发展的需求，这是历史唯物主义的基本原理。从日语教学内部看，知识与技能、语言能力和文化素养、思想品德与世界观之间都存在必然联系，而且在一定的条件下互相作用、互相制约，在许多情况下相互为用，相得益彰。正确认识这一点，有助于我们在研制日语教学任务时形成整体观念。日语教学具有教育性，即日语教学总会对学生的某种观点、道德精神产生影响。这是教学重要的规律，古今中外无一例外。

（三）日语教学任务要关注具体化

日语教学任务，无论是一般任务还是特殊任务都不应该是抽象的，而应该是具体的、可实施的。要提出具体、可实施的任务，就要设置相应的课程，在教学大纲中规定日语学科的具体任务。日语学科的一般任务需要在教学内容、教学方法等一系列环节上具体化。如果一方面提出发展智力的任务，却只考查学习成绩而不考查能力，任务的实施就会落空。

在提出任务的同时，阐明各项任务以及执行任务时各项措施之间的具体联系也很重要。以发展智力为例，过去之所以未能落实，主要原因（除去客观上的社会原因）就是没有搞清楚它同其他方面的联系。另外，根据形势发展和新的教学经验，不断丰富一般任务和特殊任务的具体内容也是非常必要的。教学的一般任务和特殊任务会随着形势发展和教学经验的累积，内容越来越丰富、具体。

综上所述，日语教学对社会和个体发展有较大作用，在日语教育体系中居于中心地位，要正确认识日语教学的概念、地位、作用及其教育形式的特点。随着社会发展和教育发展，我们对日语教学一般任务和特殊任务的认识越来越丰富，因此要重视揭示一般任务和特殊任务内部和外部的客观规律，并将它们不断具体化。

第三节　日语教学的目标与原则

一、日语教学的目标

任何一种教学活动都是在一定的目标体系指引下进行的，按照现代教育观念的要求，在学科教学中不仅要获取知识，掌握技能，还要从人的综合素质提高的角度，对日语教学提出相应的能力目标。在日语教学过程中，教师要关注培养学生的各种能力，促进日语知识与技能的掌握，从而促进学习者综合能力素质的提高。因此，下面从内容目标与能力培养目标两个层面来探讨日语教学的目标。

（一）日语教学的内容目标

专业的日语教育主要以基础阶段教学和高级阶段教学两个层次开展，高等院校日语专业课的教学要求，由于受学校性质、学科培养目标等的限制，对专业课、必修课、选修课的划分各有特点。开设课程的门类不同，课程名称及开设的时间、周学时数也不同，各学年教学要求的制定也有所差异。

1. 基础阶段教学内容目标

大学一、二年级的日语教学内容标准主要针对大学日语专业（零起点）一、二年级的教学，以及社会力量办学中的最初一、二年内的日语教学。日语专业基础阶段的教学基本要求如下：

（1）学年教学要保证不低于 500 小时，两年内学生应该掌握现代日语语音、语法、词汇的基本知识，具备听、说、读、写日语的基本技能；能够在所学语言材料范围内正确、熟练地运用日语进行口头、笔头交际，为进一步学习日语奠定坚实的基础。

（2）掌握日语语音的基础知识，朗读或说日语时，发音、语调基本正确，合乎规范，没有明显的语音错误。

（3）掌握日语基础语法，概念清楚，对日语语法中的主要项目、难点理解确切，在语言实践中能够正确运用，无大错误，不影响交际功能。

（4）接触日语单词 8000 个左右，基本句型 250 个以上，惯用词组 200 个以上，其中积极掌握不少于一半。

（5）在听的方面，能听懂日本人一般性的讲话，听懂难易程度与所学课文接近的各种文章的录音。其中生词不超过 3%，没有生疏的语法现象。

（6）在说的方面，能较流利地进行日常生活会话，能与日本人进行一般交际性和事务性交谈，能在已学过的题材范围内进行 3 分钟以上的连贯性发言，无明显的用词与语法错误。

（7）在读的方面，能朗读生词不超过 3%，没有新的语法现象的各种题材的文章，要求读音正确，有表情。能不借助词典快速阅读难易程度与所学课文接近的文章，内容理解确切，并能口头用日语叙述大意。能借助词典阅读非专业性的一般日文报刊。

（8）在写的方面，能记述和改写听懂和读懂的文章，能在两小时内写出 600 字以上的应用文、记叙文，文理通顺，语法、用词基本正确。

2. 高年级阶段教学内容目标

日语专业三、四年级的教学内容是一、二年级日语教学的延伸，与基础阶段的教学相衔接。在进一步练好听、说、读、写、译等方面基本功的同时，还要扩大视野，拓宽知识面，学习日本文化、文学等方面的内容。日语高年级阶段教学内容如下：

（1）知识结构目标：按照高等院校日语专业高年级阶段教学大纲的要求，高级阶段的日语教学从语言知识教学转入语言理论、与语言相关的专业知识与理论的教学，需要结合专业选择教学重点和内容。因此课程的具体设置由各学校根据培养目标适当掌握，大纲只是对课程的目标本身做了详细的规定。

（2）语言技能教学目标：高等院校日语专业高年级阶段教学大纲对于语言技能的培养目标也做了明确规定，从听、说、读、写、译等侧面提出具体要求。

第一，听的内容目标为：能听懂日本人用标准日语以正常语速所做的演讲、谈话，反应快，理解正确，并能复述中心内容；对电视节目、现场采访的广播及带地方口音的日本人讲话，听后能抓住主要内容和重要情节。

第二，说的内容目标为：能用日语较正确地表达自己的思想、感情，能与日本人自由交谈；经过较短时间的准备，能用日语即席发言或发表学术见解，就熟悉的内容进行讨论或辩论，阐述观点；日语语音语调正确、自然，表达通顺流畅，无影响内容理解的明显语法错误；能根据不同场合、不同对象正确选用不同的语言表达方式，尤其是在词义的褒贬、敬语的使用及语气、色彩的把握方面基本无误。

第三，读的内容目标为：能读懂专业性很强的科技资料以外的现代日本文章，除了最新外来语、流行语及个别生僻词语外，基本没有生单词；能读懂一般性日语文章，能理解作品的主要内涵和意境；能较好地归纳、概括其主要内容；能独立分析文章的思想观点、文章结构、语言技巧及文体修饰；对于古文、和歌、俳句等古典作品或文章，借助工具书、参考注释能读懂大意。

第四，写的内容目标为：能用日语写出格式标准、语言基本正确、内容明了的书信或调查报告等各种文体的文章；能写内容充实，具有一定广度和深度的说明文、议论文以及论文；在构思成熟的前提下，写作速度可达每小时 600~700 字，语言基本上正确得体，无明显语法错误，用词恰当，简敬体使用正确。

第五，译的内容目标为：口译时，能在无预先准备的情况下，承担生活翻译；经过准备后，能胜任政治、经济、文化等方面的翻译；忠实原意，语言表达流畅，并能区别各种不同的语感和说话人的心态。笔译时，能翻译用现代日语撰写的各种文章、书籍；借助工具书和注释能翻译一般日文古文。汉译日时，能翻译《人民日报》社论程度的文章，每小时能译 400~500 字（相当于 1000 个日文印刷符号）。日译汉时，每小时能译 500~600 字。翻译文艺作品时，作品的预期意境及文体风格与原文基本相符，重要内容正确。

（3）实践教学目标：日语专业高级阶段教学目标还包括毕业论文和毕业实习。毕业论文的撰写主要是培养学生书面语言的运用能力，掌握论文的写作方法，提高思考、分析和解决问题的能力。毕业考试合格者可以撰写论文。论文的选题要在所学课程范围内；论文要有独立见解；引用观点等要注明出处；字数 6000~8000 字。

毕业实习是为了使学生将所学的理论、知识切实地应用到实践中，弥补课堂教学的不足，强化课程所学的知识，提高学生在实践中独立思考和解决问题的能力，为毕业后走入社会做好准备。高等教育人才培养质量与规格的改革不断深入，社会对外语人才的需求从研究型转向实践型，为适应社会对外语人才的需求，各高校也在实习实践课程计划、课程类型、课时量、模式、评价体制等方面做了积极的探索，增添了如见习、顶岗实习、海外实践、社会实践等新的模式。部分高校日语专业提出了赴日本半年海外实习的计划；还有的高校把日语专业实习实践时间从过去的 6 周提高到 4 个月，把这些实习、见习的课程设置在大三和大四的各个学期，分阶段、分目标为学生创造接触社会的机会，搭建语言实践平台。对学生的实习、见习的成绩评定主要从工作态度、业务水平、工作成绩、实习或社会实践报告等方面考核，由实习岗位指导教师和学校的带队教师评价。

（二）日语教学能力培养目标

1. 语言知识能力培养目标

语言作为系统是一个整体，作为语言结构的三要素，语音、词汇、语法是日语知识教学的核心部分。语言理论知识的教学就是对语义的辨析、语义概念的解读、语言规则的介绍和使用方法的训练。

（1）语音能力培养目标。日语语音能力培养主要指培养学生有助于顺利掌握日语语音的所有能力，这个能力要素包括遗传生理的和后天培养。只针对一般正常学习者而言，它主要包括：能够区分日语语音（音位）的辨音能力；能够准确再现日语语音的发音能力；听觉和动觉的控音能力；发音动作的协调能力；具备自动化言语动作熟练的能力；感知和再现日语语调的能力等。

（2）词汇能力培养目标。日语词汇能力培养目标主要包括：有助于学生生成对词汇的感性认识的形象记忆力（听觉、视觉和动觉的）；迅速而准确地区分近似词的能力；迅速形成新的概念的能力；区别词义的能力；迅速理解词的具体（上下文的）意义的能力；识记各种日语词组、短语、成语的能力；在感知日语时迅速认知和理解词的能力；迅速找出必要的日语词来表达自己的思想的能力等。

（3）语法规则能力培养目标。日语语法规则教学的能力培养目标主要包括：学生的分辨各种词类和句子成分的能力；察觉日语词汇结构及语法特点的能力；根据语法规则变化单词并将词汇连成句子的能力；迅速而准确地辨认和再现各种句法结构的能力；正确掌握词的一致性关系的能力；具备正写和正读的熟练等。在修辞方面，要具备概括语体词汇和语法特点的能力；辨认和再现各种语体的能力。

2. 日语技能能力培养目标

语言是用于交际的工具，人们通常是采用听解、会话、阅读、写作的方式进行交际，因此，外语教学论将"听、说、读、写"称为外语学习的四项基本技能，简称"四技"。技能是指身体各部分的灵巧动作或感官的敏锐程度。外语的"四技"训练、实际就是对我们应用外语时的口、眼、耳、手等感觉、听觉、视觉、触觉器官进行的外语适应或外语熟练的训练。在训练这些语言技能的同时，也会逐步提高各种言语能力。

（1）听解能力培养目标。听是获得日语知识和技能的源泉和手段之一。听解是听觉器官的运动过程，也是一种复杂、紧张、富有创造性的智力活动，它要求听者在这种活动的过程中积极地进行感知、记忆、分析、归纳、综合等思维活动。因此，听力训练又是一种重要的智力训练。

根据听的心理特点，我们把听的能力概括为：快速、迅速捕捉和存储信息的能力；辨别各种语音的能力；适应日语语速的能力；长时间的听解能力；综合和概括的能力；判断力等。帮助学生了解听的心理特点，掌握听解能力提高方法，是听力教学关于听解能力培养的目标。

（2）会话能力培养目标。会话又被称为"说"。会话能力是一种复用式言语能力，根据会话的心理特点，我们把会话能力概括为：自如地、创造性地运用已经学习过的语言材料表达思想的能力；注意力集中在会话的内容而不是语言表达形式的能力；敏捷思考和快速运用语言的能力；会话过程中的日语思维能力（或排除翻译的能力）；应对无主题对白的语言交际能力等。帮助学生了解说的心理特点，掌握会话能力提高方法，是会话教学关于会话能力培养的目标。

（3）阅读能力培养目标。阅读是重要的获得语言知识的手段，人们通过阅读实现间接言语交际。特别是在当今由于信息技术和现代化网络架起了通讯桥梁，网络在线阅读已经普及，获取日语阅读材料的条件比过去成熟许多，通过阅读获取日语知识已经成为一种重要的学习形式。阅读能力是培养其他言语能力的杠杆，所以，阅读能力的培养也是外语学习的一项重要任务。

阅读能力能够帮助学生了解读的心理特点，掌握阅读能力提高方法，是阅读教学关于阅读能力培养的目标。

（4）写作能力培养目标。写作是借助文字符号传递信息的语言活动或语言交际形式，是一种语言输出过程，也是重要的语言交际活动。随着网络的普及，网上交流的频繁，日语应用写作从书信、公文、科学论文、文艺作品等领域扩展到网络信息交际等领域，增强了写作的应用性，对写作能力的要求也逐步提高。因此写作能力的培养也是日语学习的一项重要任务。写作能力能够帮助学生了解写的心理特点，掌握写作能力提高方法，是写作教学关于写作能力的培养目标。

（5）翻译能力培养目标。翻译是在准确、通顺的基础上，把一种语言信息转变成另一种语言信息的行为，其分类有许多种，例如，根据翻译者翻译时所采取的文化姿态，分为归化翻译（意译）和异化翻译（直译）；根据翻译作品在译入语言文化中所预期的作用，分为工具性翻译和文献性的翻译。根据翻译所涉及的语言的形式与意义，分为语义翻译和交际翻译；根据译者对原文和译文进行比较与观察的角度，分为文学翻译和语言学翻译；根据翻译媒介分为口译、笔译、视译、同声传译、机器翻译和人机协作翻译、电话翻译等。由于上述分类在语言表达形式上只包括有声语言和符号语言，因此，我们在讨论翻译能力时，只在口译、笔译两个大的概念下展开讨论。

口译和笔译在语言表达的即时性、文学艺术性等方面对译者的要求有所不同。但是，从翻译的心理过程和能力要求上，两者是一致的，仅在各要素内部有所差异，如对译者心理口译的要求是"稳定、快速反应、一次性"等，笔译则强调"精确、仔细推敲、反复"。鉴于此，可以将翻译的能力概括为：双语交际能力、语言外能力、转换能力、职业能力、心理生理能力和决策能力。

3. 跨文化学习能力培养目标

跨文化学习主要包括跨文化接触、跨文化理解和跨文化交际三个过程。跨文化接触，就是个体通过有选择地借用母国文化来接触跨文化，对跨文化所作的赋有个性特征的统合和再现。跨文化理解就是辩证地认识日本文化的内涵、思想观点。学习者固有的价值观、思维方式会直接影响到对跨文化的理解和认识。跨文化交际又称为跨文化知识应用，主要是指与日本人进行交际时如何避免发生文化冲突，使交际朝向我们期待的目标发展，让交际顺利进行。

为达成跨文化理解与交际需要具备各种能力，跨文化交际能力可以包括：跨文化适应力、异社会体系对应能力、对焦虑的心理调节力、建立新的人际关系能力、促进交际的能力、对相互关系的干预或参与、理解他人的能力、文化差异的认知能力、对自我与文化关系的认知能力、交际能力、责任管理力、自我同一性探求、会话管理力、坦率程度、灵活处理人际关系的能力、区别力、社会适应力、主张自我意见的统率力、管理能力等。此外，影响跨文化理解与跨文化间交际的要素有很多，例如，交际的有效性、达成课题目标、交际机能、"软件"移动、注意的深度、非本民族中心主义、领袖风范、非言语行为、对交际的牵挂、文化间的共鸣、文化的相互作用、理想与愿望、从属性不安、协调性、自我意识、顺应性、对人际关系的精通程度、言语交际时的共鸣或有效性、自主行为习惯、性格特征的优点、言语活动的敏感性或成熟度、对个人或家族的适应性、韧性、自信、主导权等。

日语教学关于跨文化的能力培养不在于跨文化接触，重在对跨文化的理解和跨文化交际能力的培养。结合日语学习特点，可以将跨文化能力概括为：意志决断能力；问题解决能力；创造性思考能力；批判性思考能力；有效的交际能力；对人关系能力；自我认识能力；共鸣能力；情感控制能力；对焦虑的处理能力（心理调节能力）。意志决断能力，即明确自我究竟要做的内容、想做的事情这一目标意识，从而决定自我行为目标和方向；问题解决能力，包括目标设定，其中最重要的是发现问题和选择最恰当的解决问题的方法以及如何达到目标的企划能力；创造性思考能力，即把获得的信息创造性地组合，创造出独特的思考和计划的能力。批判性思考能力，即对获得的信息、经验以客观的方法进行分析的能力；有效的交际能力，即采用言语与非言语形式自我表达的能力；对人关系能力，即与他人保持良好人际关系的能力；自我认识能力，即对自我的性格、优缺点、愿望、好恶等的认识能力；共鸣能力，即对他人的意见、情感、立场、心情能够产生共鸣又不为其所左右的能力；情感控制能力，即对喜怒哀乐等情感的自我控制力；对焦虑的处理能力，即了解跨文化学习过程中产生的焦虑源，为消解焦虑而采取适当措施的能力，也称作心理调节能力。帮助学生了解跨文化理解和交际的心理特点，掌握跨文化学习的方法，是跨文化教学关于跨文化交际能力的培养目标。

4. 情感教学能力培养目标

情感学习能力可以包括自我认识能力、自我驾驭能力、自我修正能力、共鸣情感产生、社会协调性。自我认识主要是指对自我情感的理解并由此决定自我意志，对自我能力作出客观评价，拥有获得调和的自信。自我驾驭能力是指为推进自我行为而对情感的有效处理，如致力于目标追求、感受成功的喜悦、从苦恼中很快地解脱出来等。自我修正能力是指为了能够朝着预定目标前进而自我激励、自我导向，发挥内心深处的积极动因，如有上进心，率先行动，发生问题或受到挫折时向前看，不受阻挠等。共鸣情感产生是指了解他人的感觉，理解他人的想法，构筑与他人的相互依存关系，调和并保持这种关系。社会协调能力是指有效处理与人交往过程中产生的各种情感，正确理解社会现实和交际网络，能顺利地与他人交流，有劝导、领导能力，在产生对立时能够巧妙交涉，解决纠纷，重视团队协作氛围的创建。

我们把日语学习的情感态度能力归纳为：学习愿望与兴趣的培养能力；树立良好的学习动机能力；调节个人情绪的能力；勇敢、积极地参与语言实践的能力；与他人的协作能力；探索精神与毅力；培养克服困难的勇气和决心的能力；吃苦精神；人际交往能力。帮助学生适时地调节自我学习心理特点，是教师教学过程中对学生情感态度培养的目标。

5. 策略学习能力培养目标

学习策略是学习者为掌握某种知识和技能所采用的一系列方式方法。通常从四个方面——认知策略、调控策略、资源策略、交际策略——来理解。外语能力的形成除了受教学策略的影响外，还需要通过对学生的学习实践活动来体现。日语能力形成的一个重要条件就是学习策略的选择。

日语学习活动中策略学习的能力主要包括：选择有效感知、记忆、联想等方法的能力；选择合理预习、复习策略的能力；有效理解知识和概念的能力；主动探索符合日语学习规律的学习技巧的能力；调节学习中自我生理与心理机能的能力；正确评价自我学习的能力；监控自我学习的能力；管理自我学习的能力；在团队学习中发现及借鉴他人学习方法的能力；选择既适合自我个性心理特征又有效促进交际的行为方式的能力。帮助学生了解学习过程的心理特点，掌握学习方法和策略，是学习策略能力培养的教学目标。

二、日语教学的原则

（一）教学原则的类型分析

教学原则是根据教育教学目的、反映教学规律而制定的指导教学工作的基本要求，它既包括教师的教，也包括学生的学，应贯彻于教学过程的各个方面和始终，是反映人们对教学活动本质性特点和内在规律性的认识，是指导教学工作有效进行的指导性原理和行为准则。一般而言，教学活动越是能够符合教学原则，教学活动就越是容易成功；反之，教学活动越是背离教学原则的要求，教学活动失败的可能就越大。由于教学活动是在不断发展的，并且教学模式多种多样，不同的教学模式需要不同的教学原则与之相适应，因而教学原则也处在不断变化与发展之中。

教学原则对教学活动的顺利有效进行有着指导上和调节上的意义，它能够为教师提供积极有效地开展教学活动的依据。教学原则在一定程度上决定了教学内容、教学方法与手段、教学组织形式的选择。教学论原则决定教学方法，选择教学方法和论证其效果有赖于作为这些方法基础的教学论原则。教学论原则体系，就是对学习和掌握教材的基本途径的总的说明。科学的教学原则在人们的教学活动的实践中灵活有效的运用，对教学活动有效顺利地开展，对提高教学活动的质量和效率都会有着积极的作用。教学原则是在总结教学实践经验的基础上制定出来的，一般而言，教学原则主要包括以下内容：

第一，教学整体性原则，它包含着两重含义：①教学所承担的任务具有整体性，教学任务的完成应是完整的、全面的，不能有任何方面的偏废；②教学活动的本身具有整体性，教学是由一系列教学要素构成的一个完整系统。

第二，启发创造原则，这是指教师在教学活动中要最大限度地调动学生学习的积极性和自觉性，激发他们的创造性思维，从而使学生在融会贯通地掌握知识的同时，充分发展自己的创造性能力与创造性人格。

第三，理论联系实际原则，这是指教学活动必须坚持理论与实际的结合和统一，用理论分析实际，用实际验证理论，使学生从理论和实际的结合中理解、掌握知识，并在这个结合的过程中学会运用知识。

第四，有序性原则，这是指教学工作要结合学科的逻辑结构和学生的身心发展情况，有次序、有步骤地开展和进行，以期使学生有效地掌握系统的科学知识，同时有效地促进学生身心的健康发展。

第五，师生协同原则，这是指在教学活动中，教师在充分发挥自身作用的同时，还要充分调动学生的积极性和主动性，使教学过程真正处于师生协同活动、相互促进的状态之中。其实质就是要处理好教师与学生的关系、教与学的关系。

第六，因材施教原则。因材施教原则要求教师在教学活动中，从学生的实际出发，根据不同教学对象的具体情况，采取不同的方式和方法，进行差异性的教育，使每个学生都能在各自原有的基础上得到自己充分的、最好的发展。

第七，积累与熟练原则，这是指教学活动应该使学生在理解的基础上，获得广博、深厚和牢固的基础知识、基本技能，形成良好的个性品质，进而使他们对知识、技能的掌握能够达到熟练和运用自如的程度。

第八，反馈调节原则，这是指在教学活动中，教师与学生从教和学的活动中及时获得反馈信息，以便及时了解教与学的情况，并能够及时有效地调节和控制教学活动的顺利开展，达到提高教学效率和教学质量的目的。

第九，教学最优化原则，这是指教学活动中，要针对教学效果起制约作用的各种因素，进行综合调控，实施最优的教学，取得最优的教学效果。

（二）日语教学的原则体系

"日语教学原则是日语教学规律的反映，是在一定的教学原理指导下对学生掌握语言知识和语言技能的基本路子、途径的总说明"。不同的外语教学法流派的理论根据不同，对外语教学规律的认识也不同，对反映教学规律的教学原则的认识也不一致。日语教学先要遵循教学一般原则，还要根据语言学、心理学、教育学、生理学、系统论等科学的最新研究成果，吸取各教学法流派的优点，制定适合学习者开展日语教学的基本原则。

现代教育的终极目标就是培养全面、和谐发展的人才，作为国民教育的一个组成部分，日语教学也肩负着这个使命。人的发展包括内因和外因两个因素。内因是指正常的健康的个体身心内部发展要素，主要有两个方面：①遗传素质；②人的主观能动性。遗传素质是生物因素，是人的发展的物质基础和前提条件。遗传素质的成熟程度，制约着人的身心发展过程和阶段。主观能动性属于心理范畴，人的主观能动性的性质、方向和水平都离不开教育的培养和塑造。人的发展的外因是指影响个体发展的一切外部客观条件，它包括自然条件和社会条件，在外语教学中通常我们称之为语言教学环境。人的发展内部因素和外部因素是通过实践活动和教育活动实现和谐统一的。人的发展是教育的宏观目标。外语教学的具体目标是掌握语言知识，培养语言技能，实现这一目标，必须通过教师的教学实践和学生的语言实践来完成。日语教学原则必须遵循教育方针，符合教学规律和语言学习规律，为完成语言教学的根本任务服务，日语教学原则体系如下：

1. 以提高学生综合素质为目标的原则

人的素质是人所具有的从事某种活动的生理、心理条件或身心发展水平。其中包括人的先天禀赋和被内化了的后天教育、影响诸因素。人的素质可分为个体（个人素质）的和群体的（民族素质等）。就个体的人而言，其素质又有生理的（身体的）的和心理等诸项。其中心理的既包括知觉、记忆、想象、思维、情绪、情感等与生俱来的心理特质，也包括被内化的属于文化范畴的政治的、思想的、道德的等社会性心理内容。日语教学除了使学生掌握日语知识和技能外，还要通过日语课内外的学习提高文化修养，受到思想教育、道德教育、人生观价值观的教育，同时还要开启学生智力，培养能力，把日语教学与人的全面发展这一教育教养任务有机结合起来。提高学生的综合素质，对教师有如下要求：

（1）认真钻研教材，综合、灵活地运用教材。日语教学中思想教育的源泉是教科书中的课文。任何一篇课文都要表达一定的思想内容。提炼文章的思想内涵，既可以对学生进行跨文化教育，陶冶情操和品格，也可以对语篇教学内容开展综合性训练，对熟练掌握运用新知识、把握语言文化内涵有促进作用。因此，思想性内容的教学与语篇（字、词、句）教学并不矛盾，而是互为依存，互为促进的。

（2）在教学过程中要注重挖掘学生的智力潜能，发展学生的智力水平。外语学习的智力要素主要包括语言感知能力、观察力、记忆力、联想力、逻辑思维能力、创造力以及学生的自学能力。

（3）在教学活动中要注重对学生四项基本技能的培养，可以被称为外语学习的能力要素，包括听解能力、会话能力、阅读能力、写作能力，也有学者把翻译能力也纳入外语能力要素范畴。

2. 能够有效激发学生学习动机的原则

"有领导的认识"是教学活动的特点之一，没有教师的主导作用，学生是难以自行达到掌握陌生语言文化知识和技能的任务的。教师对于教学任务能否完成和教学效果的优劣都负有主要责任。然而，学生才是教学活动的主体。教师的主导作用先在于激发学生的求知欲和学习兴趣，建立积极的日语学习动机，使他们能够自觉主动地学习。离开了这一点，学生对于语言知识和技能的真正掌握、学生智力的发展、学生态度感情的成熟和提高都是不可能的。

学习动机是推动学生进行学习活动的内在原因，是激励、指引学生学习的强大动力。

其心理因素包括：学习的需要，对学习的必要性的认识信念；学习兴趣、爱好或习惯等。从事学习活动，除要有学习的需要外，还要有满足这种需要的学习目标。由于学习目标指引着学习的方向，可把它称为学习的诱因。学习目标同学生的需要一起，成为学习动机的重要构成因素。学生的学习动机可以通过教育教学过程加以培养。

培养学生的学习动机对教师的要求包括：①要通过目标设立、奖惩机制、选择受关注的热点问题等激发、启发学生的学习自觉性；②要激发学生的好奇心与求知欲，帮助学生通过直观或实践活动形成稳定的学习兴趣；③根据阿特金森的成就动机理论，可以给学生提供难易度系数为50%的学习内容；④对于缺乏学习动力的学生，还可以利用其爱好，如日本动漫、网络游戏等原有动机，通过必须掌握知识才能完成的影视欣赏或游戏任务造成动机的迁移，以形成学习的需要。

当学生已经有了种种学习需要之后，为了将其维持、加强或进一步发展，还必须做好动机的激发工作。激发学生的学习动机，对教师有如下要求：

（1）采取启发式教学、讨论式教学、辩论式教学等新颖而生动的教学方法，激发学生的参与语言实践活动意识，提高其语言应用能力和水平。

（2）创设问题情境启发学生积极思维。为此，教师要熟悉教材，掌握教材的结构，了解新旧知识之间的内在联系，还要了解学生已有的认知结构状态，使新的学习内容与学生已有发展水平构成一个适当的跨度。创设问题情境的方式可以多种多样，它既可以用教师设问的方式提出，也可以作业的方式提出；它既可以从新旧教材的联系方面引入，也可以通过学生的日常经验引入。在教学过程和教学结束时，也可以创设问题情境。问题情境创设的方式可以多种多样，并且应该贯穿整个教学过程的始终。

（3）控制动机水平。一般而言，中等程度的动机激起水平最有利于学习效果的提高。

（4）创造轻松自由的课堂气氛，避免学生过度紧张和焦虑。

（5）给予恰当评定。一般而言，顺应性评语针对学生的个别差异，效果最好；特殊评语虽有激励作用，但由于未针对学生的个别特点，所以效果不如顺应性评语；而无评语的成绩则明显低于前两者。

（6）适当开展学习竞赛，处理好竞争与合作的关系，建设合作型课堂结构。目标结构理论认为，由于团体中对个人达到目标的奖励方式不同，导致在达到目标的过程中，个体之间相互作用的方式也不同。个体相互作用的方式主要有相互对抗、相互促进和相互独立三种形式，与此相对应，也存在着三种现实的课堂目标结构：竞争型、合作型和个体化型。

在竞争型目标结构中，团体成员之间的目标具有对抗性。只有其他人达不到目标时，某一个体才有可能达到目标，取得成功；如果其他人成功了，则降低了某一个体成功的可能性。在这种情境中,个体重视取胜、成功有时更甚于公平、诚实,因此同伴之间的关系是对抗、消极的。在合作型目标结构中,团体成员之间有着共同的目标,只有所有成员达到目标时,某一个体才有可能达到目标,取得成功;如果团体中某一人达不到目标,则其他人也达不到目标。在这种情境中,个体会以一种既有利于自己成功也有利于同伴成功的方式活动,因此同伴之间的关系是相互促进的、积极的。在个体化目标结构中,个体是否成功与团体中的其他成员是否达到目标无关,个体注重的是自己对学习的完成情况和自身的进步幅度。在这种情境中,个体寻求对自己有益的结果,而并不在意其他个体是否取得成功,因此同伴之间的关系是相互独立、互不干涉的。

(7)在对学生进行评价时,奖励和惩罚对于学生动机的激发具有不同的作用。一般而言,表扬与奖励比批评与指责能更有效地激发学生的学习动机,因为表扬与奖励能使学生获得成就感,增强自信心,而批评与指责恰起到相反的作用。教师要针对不同对象把握有效的奖惩尺度,维护好学生的学习动机,促使学生努力。激发学生学习动机的方式和手段多种多样。只要教师们有效地利用上述手段来调动学生学习的积极性,学生就有可能学得积极主动,并学有成效。

3. 教师指导和与学生自觉学习相结合的原则

教师指导和与学生自觉学习相结合的原则,是为了将教学活动中教师的教学过程主导作用,与学生学习行为的主体地位统一起来而提出的。教学活动中,应该以教师为中心还是应该以学生为中心,一直是教育史上重大的争论问题。虽然在具体教学活动中,一节课内可以一段时间教师为主体,一段时间学生为主体,但是后者这个主体是指活动行为的主体,不是教学过程总设计、总指导意义上的主体,"双主体"的观点只针对行为本身,不代表教育思想;此外,在一个课堂上也不可能同一时间出现两个活动主体,所以我们可以忽略这种折中的主张。

就教育过程的本质和教师的作用而言,在整个教育教学过程中,教师应处于主导地位。因为,第一,教师是教育方针、教育计划的贯彻执行者,教师主导着学生的发展方向和质量规格;第二,教育本身是有目的有计划的育人过程,人的发展是在教育过程中靠教育者有组织有计划地系统实现的,任何教学大纲、教学计划和教科书都取代不了教师在培养人方面所起的作用;第三,教师受过专门训练,具有扎实的专业知识和教学经验,懂得教育规律,掌握教学方法。因此,学生的学习只有在教师的指导下才能在短时间内取得最佳效果。

但是,我们也应该看到,教育过程是师生的双边活动,必然也离不开学生的积极主动参与。调动学生的积极性与主动性,不仅是教师主导作用的内涵之一,也是衡量教师主导作用发挥程度的重要标志。因此，就教育过程的总体而言，在教与学这两个主体的关系上，教师是主导的。

学生是学习的主体，在教育过程中，学生是学习任务的主要承担者。相对于学习内容而言，学生是学习的主人，与学生主体相对应的是学习的客体，它不仅包括教师所施加的一切教育影响，也包括教师本身。因此，认识到学生的主体地位，可以提示教师在教的过程中想到学生的学，并自觉调动学生的学习积极性和主动性。在教育过程中，学生具有主体和客体的双重属性。

承认学生的客体地位是教师发挥主导作用的前提，明确学生的主体地位是提高教育活动效果的关键与根本。在教学中要充分调动学生学习的自觉积极性，使得学生能够主动地学习，以达到对所学知识的理解和掌握。针对教师指导和学生自觉学习相结合的原则，对教师有以下基本要求：

（1）激发学生的积极思维。教师的启发应当能够激起学生紧张、活泼的智力活动，从而使学生深刻地理解、掌握知识，获得多方面的体验和锻炼发展。因此，启发应当选择那些具有一定难度、需要学生进行比较复杂的思维活动，但又是他们通过自觉积极的思考能够得到基本正确结果的问题来进行。简单的事实和记忆性的知识，即使顺利地"启发"出结果，价值也是有限的。

（2）确立学生的主体地位。学生是学习的主人，教师的启发只有在切合学生实际时才可能避免盲目性，只有承认学生的主体地位，真正研究和了解学生的学习需要，教师的启发才可能是有针对性的和有效的。

（3）建立民主平等的师生关系。在权威式的师生关系中，教师是凌驾于学生之上的真理代言人和学术权威，学生很难真正做到自由地、充分地提问和思考。只有当学生真正感受到教师将自己当作人格上与之完全平等的人，他们的学习自觉性才可能真正地调动起来。

（4）教师要面向每一个学生，充分了解学生。现代教育强调，不能够要求学生适应教育，而是要使教育适应学生。除学习成绩以外，学生的个性特征的各个方面、家庭背景、生活经历等，都是教师因材施教所需要了解的。

（5）尊重学生的差异。学生的差异不仅是客观存在的，而且是合理的。日语教学各阶段的课程目标都不同，在达到各目标标准的基础上，教师应当允许学生存在不同方面、不同水平的差异，并且针对每一个学生的具体条件帮助他获得最适宜的个性发展，而不是去普遍地增加难度和深度。良好教育的结果是培养出大批个性充分发展的人。

4. 创设各种形式语言学习环境原则

开展日语教学活动的特点之一在于它是一种间接认识，学生在教学中是以学习书本知识为主。生活中的语言是鲜活的，有时候语言规则也不能完全解答现实中所使用的语言现象，更何况作为外语的日语语言与学生的生活和他们自己的个人经验存在相当的差距，有些甚至是完全陌生的。而人的认识总是从感性上升到理性，从具体过渡到抽象，完全没有感性认识和具体形象做基础和支撑，是不可能真正掌握语言概念和文化背景知识的。由于书本知识与学生之间客观存在的距离，学生们在学习和理解的过程中必然会发生各种各样的困难和障碍，创设多种形式的语言环境和语言学习环境，对学生的成长有重要意义。创设语境可以采取以下措施：

（1）实物直观。实物直观是通过实物进行的，即直接将对象呈现在学生面前。在跨文化学习比较生疏的内容时，实物直观能够最为真实有效和充分地为学生提供理解、掌握所必需的感性经验。

（2）模像直观。模像直观是运用各种手段对实物的模拟，包括图片、图表、模型、幻灯、录音、录像、电影、电视等。实物直观虽然具有真实有效的特点，但往往由于受到实际条件的限制而无法使用，而模像直观则能够有效地弥补实物直观的缺憾，特别是现代技术在教育领域的应用，使得模像直观的范围更加广阔，无论是历史还是现实，都能够借助某种技术手段达到直观的效果。

（3）语言直观。语言直观是教师运用自己的语言，借助学生已有的知识经验进行比喻描述，引起学生的感性认识，达到直观的效果。与前两种直观相比，语言直观可以最大限度地摆脱时间、空间、物质条件的限制，是最为便利和最为经济的。语言直观的运用效果主要取决于教师本人的素质和修养。

（4）完善教学条件设施。在科学技术高度发达的当代，日语教学外部环境已经达到一个相当的水平，日语教学所需要的图书情报资料、影像设备、网络媒体资源为创设语言学习环境提供了可能。

在日语教学中切实有效创设好语言环境和语言学习环境，对于教师的基本要求包括：①恰当地选择直观手段。教学课程内容、目标不同，教学任务不同，学生年龄特征不同，所需要的直观手段也不同。②直观是手段而不是目的。一般而言，在教学内容对于学生比较生疏，学生在理解和掌握上遇到困难或障碍时，才需要教师运用直观手段。为直观而直观，只能导致教学效率的降低。③在直观的基础上提高学生的认识。直观给予学生的是感性经验，而教学的根本任务在于让学生掌握理论知识，因此教师应当在运用直观时注意指导，例如通过提问和解释鼓励学生细致深入地观察，启发学生区分主次轻重，引导学生思考现象和本质及原因和结果等。④合理选择教学优质资源，应用最有利于学生理解、掌握教学内容的教学技术手段和教学方法。

5. 处理好汉语与日语关系的原则

外语教学法视其对母语的态度分为两大学派：翻译法和直接法。翻译法充分发挥母语在外语学习过程中的作用；直接法在外语学习过程中完全排斥母语。在日语教学过程中，如何处理好作为母语的汉语和日语的关系，直接影响教学方法的选择和教学效果。语言是约定俗成的，语言具有民族性和科学性。语言学上日语和汉语属于不同语系，汉语属于汉藏语系分析语，有声调。汉语的文字系统——汉字是一种意音文字，表意的同时也具备一定的表音功能。而日语属于黏着语，通过在词语上粘贴语法成分来构成句子，称为活用，其间的结合并不紧密，不改变原来词汇的含义只表示语法功能。两种语言都属独立的语言，截然不同。日语的文字起源于汉语的偏旁部首和草书体，日语的许多词汇来源于汉语，汉语和日语在语音、语调、词汇、品词概念、句子结构等方面都有相同或相似之处。按照外语教学重在培养学习者外语思维能力的观点出发，日语教学要尽量克服母语的干扰，但是，有这样多一致性的两种语言对于外语学习者而言，既有正面的影响，也有负面的作用。这就需要切实处理好母语与日语的关系。在日语教学过程中切实有效处理好母语与日语的关系，对于教师有以下要求：

（1）有效利用汉语的正迁移作用。语言迁移是指母语的影响进入第二语言的习得，包括语言上的影响，如语音、语汇、语法、语义等方面的影响。语言迁移还包括语言之外因素的影响，如思维模式、文化传统、社会历史等方面的影响。认知主义学派的注意力主要投向迁移的制约性因素，以及迁移的认知准则研究。所谓迁移的制约性因素研究就是研究由哪些因素制约迁移的发生和隐退。制约迁移的因素包括：语言的不同层面，如音系、词汇、语法、语篇等；社会因素，如不同的交际对象与学习环境的影响；标记性，如某些语言特征的特殊性；原型概念，如某个词的某一涵义与其他意义相比在多大程度上被认为是核心的、基础的；语言距离和心理语言类型，如学习者对一语和二语之间距离的心理感受；发展因素，如对中介语发展的自然过程的限制。迁移是指目标语和其他任何已经习得的（或没有完全习得的）语言之间的共性和差异所造成的影响。根据他的定义，迁移不仅仅是传统的迁移研究中所指的来自学习者母语的影响，还可以指学习者已经习得的任何其他语言的知识对于新语言习得的影响，中国的日语学习者在日语学习过程中，先要解决的是母语汉语的语言迁移问题。日语教学过程中，互相融合的语言文化对学习者而言，是一种优势。此外，中日在价值观、传统思想方面有着共源的特点，例如，都崇尚"以和为贵""仁礼孝"等，文化差异性小，这就减少了中国的日语学习者跨文化学习的压力。有效利用汉语与日语语言上、文化背景的相似或相近的特点，促进汉语固有知识和经验在日语学习过程中的正迁移，是日语教师必须坚守的原则。

（2）努力克服母语的干扰作用。汉日语言的相近性可以为中国的日语学习者学习日语带来便捷，也会带来困扰。首先，日语中虽然使用大量的汉字，但是有些日语汉字的语义已经与现代汉语的意义截然不同。还有些日本人自主简化了的汉字，与汉语相近却不相同。还有日语自主创造的汉字，相近才会容易出错，母语的干扰此时有副作用。此外，日语中的长短音、促音、浊音等发音是汉语中所没有的。汉语的语序是"主—谓—宾"结构，日语是"主—宾—谓"结构，谓语在句子末尾，对于习惯汉语表达方式的学习者而言，语言思维的转换是学习的最大困难。日语的句子成分在句子中的作用和地位是由助词来决定的，语序不决定语义，这些都与汉语有很大差异。学习者对于语言规则的认识、掌握、熟练过程中，必然会遭遇到母语的干扰，所以，在初学者乃至于学习很长时间日语的学习者身上，总能发生"汉语式日语"的情况。此时，教师的指导就能发挥积极作用。教学过程中，教师在排除母语干扰方面要选择好的材料，合理分配时间，安排好教学重点，精心设计练习体系，教授时需要"提点学生"，不必要展开分析，不能在有限的课堂教学时间内全力专注于区分汉语、日语，要引导学生有目的、有计划地克服母语的干扰。

（3）把握母语使用原则。分析一般外语学习者能在有限范围内用外语思维的原因可以得知，这不是从学习初始就排斥母语的结果，而是反复操练和反复使用外语进行真实交际的结果。学生在学习和使用日语语言必然要经历两个阶段：①日汉、汉日的翻译过程，这是学习的初级阶段；②完全用日语思维，排除翻译的过程，这是学习的高级阶段。学生在掌握外语过程中，总要经历"自觉到不自觉"的过程，也就是先借助母语作为外语与概念的中介来学习和使用外语，而后逐渐摒弃这个中介，在外语和概念之间建立起直接联系，这是使用外语的内部心理机制的一个质的变化。掌握外语的过程就是实现飞跃的过程。而要实现飞跃，关键在于反复实践。

学习者在控制使用母语翻译过程中，有积极和消极两种类型：自我调控能力强、能自觉训练排除母语翻译过程的学生，进步快，口语能力强，语速快，属于积极的类型；反之，是消极类型。为促进学生抛开母语中介，达成学习质的飞跃，教师对学生学习的有效指导，需要引导学生在听力、会话、阅读、写作过程中逐步养成"直读直解"的习惯，学会用日语思维。教师在课堂上尽量不说或者少说汉语。同时直观释义法或者日语解读法都是有利于克服母语干扰、培养日语思维能力的有效教学方法。

在教学过程中，用翻译法释义是最节省时间的授课手段，但是，它并不是最理想的手段。由于语言并不是一一对应的，翻译释义有时候很危险，容易引起学生片面理解词汇意义，造成语义误读。一个词会产生多种意义，用许多的汉语词汇来翻译，只会带来记忆困难。所以，无论是从语言思维的培养角度还是从准确认知并正确运用语言的角度，都建议用日语授课。可以使用汉语翻译的情况包括：第一，用日语或者直观法难以释义的词汇、成语、句子、语篇可以适当使用汉语翻译或解释，节省教学时间；第二，作为检查学生对知识的掌握情况的手段，教师可以用翻译法；第三，区分日、汉语言规则和概念时，可以适当使用汉语；第四，区分日语近义词意义时，可以适当使用母语翻译。

6. 处理好语言知识教学与技能教学关系的原则

在语言学中，当语言和言语作为术语而对立使用时，语言指的是语音、语法、词汇系统；言语指的是用语言进行听说读写交际活动。语言是社会共性的，言语是个人差异性的、具体的。在日语教学中，重视语言，就会以教授语言形式、结构规则为主，以分析讲授为教学模式，教学活动中心是教师，教学设计多为封闭的、固定的模式；重视言语，就会以语言实践为主，以学生为活动中心，根据语言话题、内容、语义、语境等的变化，教学设计多为开放的、弹性的模式。

听说习惯习得理论认为语言是习惯的体系，外语学习靠模仿记忆，反复操练，直到新的语言习惯形成。但是，它重视语言学习的条件反射训练，忽视人的主观能动性、逻辑思考力和理论知识的作用，有其片面性。认知学习理论认为，语言学习是一种创造性的活动，要重视智力和掌握语言规则，但是它对语言技能的形成需要通过反复实践认识不足。掌握一门语言，语言知识是基础，是言语能力形成的前提保证，言语技能是语言学习的最终目标，使学生能自如准确运用语言进行交际活动，是日语教学的根本目的和任务。日语教学必须要把语言知识学习和言语技能训练作为同等重要的任务来完成。

语言知识是有限的，词汇、语法是有一定规律可循。选取难易度、知识内容都符合教学目标设计的教科书，设计合理的教学计划和课程计划，这样在教师的指导下，学生就能够达成掌握知识的目的。言语技能的培养则需要更长的时间。外语知识的掌握过程可以由五个认识活动的环节构成，即教材的直观、教材的概括、教材的识记、教材的保持和教材的具体化。教材的直观和概括是由教师主导完成的，教材的识记、保持和具体化是学生的行为，必须通过反复训练、巩固记忆才能达到纯熟。所以，比较起知识的传授，教师在对学生进行听说读写能力培养方面要付出更多的努力和设计。处理好语言知识教学和语言技能教学关系，对于教师有以下要求：

（1）课堂教学要重视语言实践，精讲多练，以练为主。正确使用语言需要懂得概念和理论，但是教学过程中至关重要的与其说是传授语言知识，讲授语言理论，不如说是培养言语能力，让学生掌握语言使用方法。教师的讲解是必须的，在讲授方面重在"精"：第一是精选语言材料；第二是精炼地、精确地讲解语言。多练是对立于讲而提出的，多练不仅仅指练习量多，练习时间多，更重要的在于善练：第一是指练习要科学化；第二是指练习要有针对性、目的性；第三是指练习要有助于培养听、说、写等语言交际能力；第四是指练习要符合学生的外语学习心理过程。

（2）语言技能培养方面要四会并重、阶段侧重、全面提高。听、说、读、写既是教学目的，又是教学手段，无论从交际的角度还是从教学的角度来看，这四个方面都是一个整体，相互联系、相互制约、相互依存、相互促进的。说和听属于口语能力，阅读和写作属于书面语能力。外语口语的学习过程是从听开始，学生通过听来模仿、记忆、重复学会说，听为说提供了范例，创造了条件；会说的话是一定听懂了的，说可以提高听的准确性。阅读可以接触更多的语言材料，对写作乃至于听说能力提高都有促进作用；写作能促进口语表达的逻辑性和语言表达的准确性。听和读是吸收语言材料的过程，说和写是表达思想的过程。日语教学要在广泛听和读的基础上进行说和写的训练，在说和写的活动中巩固听和读所获得的语言材料，要做到听说读写四项基本技能并重，全面提高言语能力。

听说读写各有各的生理机制，对某一个言语技能的训练必须要独立进行，不能相互替代。一般而言，在初级阶段的日语教学中，口语能力培养是主要任务，要侧重听说能力的培养，以读和写的练习来巩固听说训练中掌握的语言材料；中级阶段在继续发展口语的同时要加强读、写的训练；高级阶段阅读的训练成为首要任务，同时兼顾口语训练。

（3）语言知识教学方面要处理好课文教学和语音、词汇、语法教学的关系。语言体系内部包括语音、词汇、语法三个要素。语音是语言的外壳，词汇是语言的建筑材料，语法是一个个孤立的词汇的黏合剂，三者统一，才能使语言成为交际的工具。在教学中要发挥课文的知识内涵、思想内涵、练习体系的作用，达到把握语言和运用语言的目的。所以，在处理语言要素的权重方面，先要关注黏合语言三要素的课文。

课文教学规定了语法、词汇、语音知识的讲解范围和教学内容，按照初、中、高级阶段技能教学的不同侧重，课文教学在方法上可以发挥统筹、协调的作用。课文教学不能全部解决语言规则的问题，如果不能有效地解决语音、词汇、语法的问题，课文的教学也无法进行。所以，对语言三要素的单项训练也不容忽视。有教师在精读课教学上采取先讲生词，再讲语法，然后进入课文和练习；也有的教师以课文段落为单位，逐段讲解生词和新的语法。两种做法都有利弊。先讲新知识就会略讲课文，语言的练习会集中在一个个知识点上，对掌握新知识有益，对统合课文进行综合训练会有所不足；逐段讲解新知识点，会以本课要解决的问题为核心，不利于新知识点的系统化和单独训练。教学过程中无论采取哪种做法，如果能够做好教学设计，有意识规避这些弊端，就能够保证教学方法的合理性和科学性。

根据日语不同的教学阶段，可以采取不同的教学模式：初级阶段重在听说，对学习者而言，新知识多，语法规则入门较难，所以要以先讲知识后讲课文为主，无论是语言知识教学还是课文教学都要贯彻听说领先、以练为主的方针；高级阶段重在阅读，新的语法规则减少，词汇量增大，词汇学习属于机械记忆的内容多，可以安排课前预习来解决，此时可以围绕课文开展教学。还应该明确的是，在课文内的语言知识是零散的、不系统的，缺乏规律性的。一段时间对语言知识的归纳整合，使知识系统化，有助于学生建立起学科知识结构，宏观把握知识。

（4）课堂内外都要关注知识的巩固和应用。教学活动是不间断地、连续地进行的。学生要不断地学习、记忆新知识，而人的记忆和遗忘是同一事物的两个方面，在学习新知识的同时必然会产生对旧知识的遗忘，因此在教学中需要进行不断的巩固工作，通过练习、复习帮助学生牢固地掌握所学知识。巩固的意义不仅在于强化旧知识，也有助于学习新知识，因为知识是有内在联系的，旧知识是新知识的基础。在教学中贯彻这一原则，对于教师有以下基本要求：

第一，在理解的基础上巩固。对于所学知识的理解是巩固的前提。教师首先应当保证学生学懂学会，才有可能获得巩固的良好效果。

第二，保证巩固方式的科学性。心理学研究揭示了关于记忆和遗忘的一些规律，按照这些规律组织安排，可以提高巩固的效率。教师应当熟悉并且善于运用这些规律。

第三，巩固的具体方式要多样化。除了常见的各种书面作业外，教师应当善于利用各种不同的方式帮助学生巩固所学知识，例如，调查、制作、实践等，都能够使学生通过将知识运用于实际有效地达到巩固的目的，并且能够促进学生多方面的发展。

第四，保证学生的身心健康。并不是作业越多巩固的效果越好。合理地安排巩固是考验教师教学能力的一个重要指标。

第五，恰当地把握教学难度。具体怎样的程度和水平最符合量力性的要求，很难有固定、确切的具体标准，需要根据心理学揭示的普遍规律和对学生的具体研究，由教师自己来把握，这是教师劳动创造性的体现，是需要教师不断思考、不断解决的问题。

7. 日语教学评价要促进教学质量的原则

教学评价是依据教学目标对教学过程及结果进行价值判断并为教学决策服务的活动，教学评价是研究教师的教和学生的学的价值的过程。教学评价一般包括对教学过程中教师、学生、教学内容、教学方法手段、教学环境、教学管理诸因素的评价，但主要是对学生学习效果的评价和教师教学工作过程的评价。教学评价的两个核心环节：对教师教学工作（教学设计、组织、实施等）的评价——教师教学评估（课堂、课外）、对学生学习效果的评价——考试与测验。评价的方法主要有量化评价和质性评价。对教师实施的教学评价主要包括三类人群：教育管理部门的负责人（包括督导）；同行；学生。在学校教育中对学生实施评价的主要是教师和代表各级各类教育管理部门组织的考试评价。教学评价的方法包括测验、征答、观察提问、作业检查、听课和评课等。

8. 注重跨文化交际能力培养的原则

外语教学的主要目的是培养学生的交际能力，而交际能力主要是由语言能力和社交能力构成，交际是通过言语和非言语行为来实现的，不了解对象国的文化不可能真正具备跨文化交际能力，交际行为也受使用者的文化制约，同时也是其文化的载体。在日语教学中，对跨文化交际能力的培养应着重研究干扰交际的文化因素。这些因素包括语言手段、非语言手段、社交准则、社会组织、价值观念等。语言包括词语的文化内涵、篇章结构、逻辑思维以及翻译等值等方面。非语言手段指手势、身势、服饰、音调高低、微笑、沉默、对时间与空间的不同观念等。社交准则泛指人们交往中必须遵循的各种规则以及某些风俗习惯。社会组织指家庭中各成员的关系、同事朋友关系、上下级关系等。价值观念包括人与自然的关系、宗教观念、道德标准以及人生观、世界观等。

重视对学生跨文化交际能力的培养，主要作用包括：①了解不同文化的交际功能模式，能使学生进一步意识到不同文化背景下的人们惯用的言行交际方式；②了解不同的文化行为及其功能，能增强学生对不同文化背景的人们的通常行为的了解，并把它们与受自身文化影响的行为联系起来；③了解不同文化背景的人们的世界观、人生观、价值观及道德标准，能增强学生对自身文化的意识以及对不同文化、不同道德标准的人们的理解；④了解不同文化背景的人们的日常生活模式和言语及非言语行为方式，重点是人们日常生活中的常见行为，能帮助学生了解具体情景的行为原则。

在日语教学中贯彻注重跨文化交际能力培养的原则，对于教师的基本要求包括：①明确跨文化能力培养的主要任务，即培养学生对人们的行为都会受到文化影响的理解力；培养学生对社会会受到诸如年龄、性别、社会阶层、居住地等影响人们的言行方式而变化的理解力；增强学生对在一般情况下日本文化中常规行为的意识；增强学生对日语中的词和短语的文化内涵的意识；培养学生用实例对日本文化进行评价和完善的能力；培养学生获取日本文化信息并对其进行加工整理的能力；激发学生对日本文化的求知欲并鼓励学生体验与日本人的文化共鸣。②掌握跨文化能力培养的基本方法，如对比法、交际法、演示法、实物以及图片参照法、讨论法等。③注重行为文化的导入，要把语言习得和文化习得有机结合起来，使学生通过学习获得语言能力、言语能力和交际能力。

任何一个教学原则的确定都要符合教育现代化的目标。教育现代化的内在特征表现为教育民主化和教育主体性。教育民主化包括受教育的机会均等——不仅是指入学机会均等

信息化背景下日语教学及生态课程构建研究

和获得知识方面的均等，还包括充分发挥每一个个体的内在潜力以获得本领方面的均等；均等地改变所有教师和学生学习、工作和生活条件；师生关系的民主平等含义。教育主体性包括：①尊重学生个体的主体性，让学生主动地、自由地负责；②尊重教育的自主权，尊重教育的相对独立性，打破模式化教育，用多样化教育造就富于个性的一代新人。

第二章　日语教学主体及内容体系

第一节　日语教学的主体与内容

一、日语教学的主体

（一）日语教师

日语教师在日语教学中起着指导作用，是日语教学活动的组织者，日语知识、技能的传授者，生生关系、师生关系的协调者，对学生的学习积极性和最终的学习效果有着重要的影响。日语教师要想在日常教学中充分发挥自己的指导作用，需要科学地认识自己的职责和职业特征，需要具备基本的教学能力和专业素养，同时还应该努力提高自己的教学水平，形成和改善自己的教学风格。

1. 日语教师的角色内容

学生、家长、学校和社会分别从各自的角度对日语教师提出了多种多样的期望和要求，赋予了日语教师多方面的职责和功能。日语教师需要根据各方面的不同要求，扮演多重角色。教师最重要的职责是教学，单从教学的角度来看，日语教师大致需要扮演以下角色：

（1）日语知识和技能的传授者。日语教师在教学中最首要的角色是日语知识和技能的传授者，这是日语教师扮演的核心的角色。学习一门新的语言，学生需要从教师那里获得关于这门语言的形成背景、形成过程、基本构成等基础知识，同时还需要掌握数量众多、形式纷繁复杂的语言表达。就日语教学而言，这些内容都需要教师通过各种各样的方式来传授。需要注意的是，教师传授日语知识，不能只是把知识直接告诉学生，还需要注意引导学生关注学习方法，在传授知识的同时教会学生如何学习日语。

此外，伴随着近年来科学技术的巨大进步和互联网技术的迅速推广，信息的传递与获取变得更加方便。日语教师仍然是日语知识的重要传递者和信息源，但已不再是唯一的传递者和信息源，而且这种趋势会越来越明显。日语教师应该清醒地认识这一趋势，并采取正确的态度认真对待，要学会利用科技带来的便利，与时俱进，做一个日语知识渊博，又能活用新科技为教学服务的口语教师。

同时，语言还是一门实践学科，语言运用能力与语言知识有着密切的关系，但是语言运用能力的形成除了依靠语言知识，还需要反复进行各种训练。日语教师还应承担培养学生日语运用能力的职责，设计、组织、指导、评价学生各种语言能力训练活动。与日语知识相比，日语运用能力的培养是我国日语教育的更高目标。日语教师应该科学地认识日语知识与日语运用能力之间的关系，精心设计教学的各环节，努力提高学生的日语运用能力。

（2）日语课程的构建者。在传统的课程理念和教育环境下，日语教师的作用受到很大限制。一般而言，日语教师严格遵照学校的教学计划以及日语学科的教学大纲、教材开展教学就算完成任务。但随着课程理念的更新和教学理论的发展，日语课程要求学习内容与学生的日常生活相结合，并尽可能进行实践练习，这对日语教师的教学提出了更高的要求。日语学科课程标准和日语教材也在按照课程的精神提出更高要求，同时为一线的教学活动预留了广阔的拓展空间。

日语教师需要根据课程的要求，从自己学校的实际出发，选择课程内容，构建日语课程体系。特别是我国中学日语教育的情况较为复杂，学校条件差距较大，学生素质不均衡，学习目的各异。因此作为一名日语教师，必须肩负起构建适合本校学生的日语课程的职责。

（3）课堂活动的设计者和组织者。日语教师除了要参与日语课程的构建，还需要设计、组织日常的课堂教学活动，肩负起指导课堂教学的职责。教师是课堂教学活动的"总指挥"，需要熟悉本班学生的学情（学习日语的动机、积极性、学习能力、已有的日语水平、其他学科的学习情况等），结合课程的培养目标，设计出课堂活动的"蓝图"；还要在课堂上组织学生按照"蓝图"开展各类学习活动，并实时监控课堂教学活动的开展情况，预测可能出现的风险，解决已经发生的问题，尽最大可能保证将"蓝图"变为现实。

（4）班级集体的领导者。学校的日语教学活动大都是以"班"为单位展开，日语教师"领导"着整个班集体。教师的领导方式和管理策略，影响着整个班在上日语课时的课堂气氛，甚至对整个班的班风、学风也产生影响。合理有效的领导方式不仅为日语教学活动的顺利开展提供有力的保障，长远来看，还对学生个性的发展和行为模式的养成都具有重要的意义。如何提高学生的自信心，调动学生学习日语的积极性，形成良好的学习风气，带领学生顺利完成各项学习任务，帮助学生取得令人满意的成绩，这些都考验着日语教师对班集体的领导能力。

（5）与同事交流、与家长沟通的协作者。术业有专攻，每个日语教师的知识结构、专业背景都各不相同，因此，同事、同行间的交流和探讨就显得尤为重要。日语教师需要着眼于学生综合成绩的提高，与其他科目的教师进行沟通和交流，了解学生在各科目学习中的总体情况，以便统筹、协作，制订更科学合理的指导计划。学生学习成绩的提高、个体素质的发展不仅靠学校和教师的尽职尽责，还依赖家庭、学校和社会的全面合作。作为一名任课教师，要学会与学生的家长展开有效的沟通和合作。日语教师应该多和家长沟通，让家长了解孩子的真实学习状态，并与家长一起制订个性化的指导计划，做到因材施教，尽可能发挥学生的优势，激发学生的潜力，帮助学生为将来做出合理的规划。与家长良好的沟通，不但有助于教师展开教学活动，也有助于教师获得家长的理解与支持。

（6）终身学习者和教学研究者。日语作为一门语言，其内容纷繁复杂，而且与日本社会文化和日本人的思维都有着紧密的联系，要做到对日语深入研究、科学理解和全面把握是非常困难的。虽然一般而言，日语教师的专业素养要远远超过其所教的学生，但是在日常的教学过程中，教师仍然经常会碰到难以圆满解答的问题。特别是伴随着知识信息化的迅速发展，学生获取的信息越来越丰富，获得信息的渠道也越来越多。在这样的背景下，日语教师只有不断学习，提高自己的专业素养，才能更好地完成教师答疑解惑的职责。

此外，很多老师从大学日语专业毕业之后就参加到日语教师的队伍当中，对教育学、心理学以及教学理论的了解较少，这会对其教学产生严重的阻碍。日语教师承载着学校、家长、学生多方面的期待。一些教师除了教学方面的职责，还承担着班级管理工作，甚至承担着学校的管理工作和对外联络工作，责任重大。教学实践的积累、教学经验的总结也是教师的职责之一，有助于教师加深对教学的理解和把握，实现优秀教学成果的共享。

2. 日语教师的专业素养

（1）职业道德修养。教师的职业道德即师德，是指教师从事教育教学工作时所必须遵守的道德规范，它是调节教师活动及教师与学生之间、教师与教师之间、教师与家长之间等各方面关系的行为准则。师德是作为教师任职的基本条件，也是先决条件。日语教师应该具有坚定的理想信念，科学的世界观、人生观、价值观，要热爱人民教育事业，热爱学生，为人师表，并且善于团结协作，相互尊重，勤奋好学，严谨治学，等等，其核心的内容包括爱国、奉献、公正和责任感等。作为一名日语教师，必须保持正确的历史观，对中日之间的历史、现实和未来有着正确的认识和判断。只有这样，教师才能引导学生客观地看待历史，正确地认识中日关系；才能更好地和家长进行交流，得到家长的理解和支持。

（2）知识结构。传授日语知识、培养学生的日语能力是日语教师所肩负的最核心的职责。日语教师必须具备丰富的日语专业知识、日语教育科学知识以及普通文化知识。

第一，日语专业知识。日语教学会涉及日语本体知识（语音、词汇、语法、语篇等）

和日本社会文化知识，还涉及日本人的思维习惯、行为方式等。这就要求承担日语课的教师必须对日语的结构特征、日语的组成部分、具体的表达形式具有相对深入的认识，还需要对日本政治、经济、社会、历史、文学、文化等内容也要有所涉猎。没有专业知识作为支持，日常的日语授课将无法进行，即使勉强开展，其效果也不会理想，很难顺利地完成课程的教学目标。日语教师需要通过自学、研修等各种渠道不断丰富自己的专业知识，提高自己的专业能力。

第二，日语教育科学知识。精深广博的日语专业知识是顺利完成日语教学工作的坚实基础和必要条件，但是，仅有这些还不能算是或者说很难成长为一名优秀的日语教师。想要有效地向学生传授日语知识，发展学生的智力，完善学生的人格，教师还必须掌握适合中学日语教学的教育科学知识。日语专业知识是教学的基本内容，教育科学知识是操作教学内容的工具，只有掌握了工具才可能高效地教授教学内容。教学是一门艺术，也是一门科学。教师没有足够的教育科学知识，仅凭自己的热情和经验，或者仅靠模仿，都会导致教学盲目性增强、预见性缺乏。丰富的教育科学知识，能增强教师在教育教学工作中的创新能力。

第三，普通文化知识。日语教师除钻研日语专业知识，学习必要的教育科学知识外，还应具备广博的文化知识。一方面，现代科学技术的发展使各方面的知识通过广播、电视、报刊、网络等各种媒介迅速传播，学生获得知识、信息的渠道得到了前所未有的拓宽。学生通过各种渠道获得的丰富信息也必将反映到日语课堂上，日语教师必须对各领域的知识有所了解才能够给学生答疑解惑。另一方面，日语课堂的教学内容除了日语，还会涉及历史、地理甚至科学等方面的内容，要求任课教师具备多学科的知识背景。此外，日语教学过程中经常会开展一些竞赛、展览、展示等文化活动，教师具备一定的文学、音乐、绘画、体育方面的才能，会有助于活动的开展、提高教师威信、改善师生关系。文化知识广博、兴趣广泛的教师更容易受到学生的欢迎。

（3）能力结构。教师除了需要具备先进的观念和全面的知识，还需要有称职的能力，只有具备了相应的专业能力，才可能开展有效的教学，从而有效地促进学生构建自己的知识，发展自己的能力。从我国中学日语教师的工作实际来看，教师至少应该具备日语教学能力、教学研究能力、人际交往能力这三种能力。

第一，日语教学能力。教师的教学能力是教师完成教学任务的必备要素。作为一名合格的中学日语教师，应该在理解和运用教材，语言表达，观察、了解学生，组织、管理、调控教学活动以及教学研究方面具备一定的能力。

日语教师要具备理解和运用教材的能力：教师在实施教学之前，必须对作为课堂主要学习材料的教科书进行深入的分析和理解。教师应该明白整套教材的编写理念，明确教材的编排体系和培养目标，知道教材是如何反映课程标准的内容和要求的，还需要根据学生的认知特点和教材的逻辑结构，明确教材的重点和难点。运用教材的能力包括根据学生的具体情况采用适当的教学方法和手段，控制对教材内容的讲解程度，做到详略得当；合理安排讲解的顺序，关注新旧内容的衔接。优秀的教师应该学会"用教材教"，而不是"教教材"。

日语教师要具备汉、日语的表达能力：语言是教师在授课过程中使用的最主要的媒介，简明准确、生动活泼、具有幽默感和感染力的教学语言能吸引学生注意，帮助学生更好地抓住知识重点，有助于学生对知识的准确理解。日语语言现象复杂多样，这与日本社会文化背景有着密切的关系。同时，中学生的汉语知识储备和汉语理解能力仍然有限，这就需要中学日语教师提高自己的汉语表达能力。此外，对于日语教师而言，日语表达能力是必不可少的基本功。即使是主要使用汉语进行教学的学校，在课堂上教师也不可避免地要进行领读、带领学生进行会话训练等，教师的日语是学生模仿的重要对象，这都对日语教师的日语表达能力提出了硬性的要求。

日语教师要具备组织、管理和调控教学活动的能力：教师在教学过程中的指导作用主要体现为控制和调节教学过程中的各种要素和变量，最大限度地调动学生的学习积极性。因此，教师对教学过程的组织、管理和调控能力对教学效果具有重大的影响。教师对教学的组织管理贯穿教学的全过程。

首先，日语教师要制订完整细致的教学活动计划，统筹安排好教学活动，其中包括取舍教材的内容、预计教学所需时间、选择适当的教学方法和组织形式、准备教具等，这些课前准备工作是教师日常工作的重要组成部分，也是课堂教学顺利开展的重要保证。其次，教师需要在教学过程中随时观察学生的注意力、兴趣和学习积极性的变化，以此对教学的节奏和环节安排进行调整。例如，如果发现学生对某一语法项目难以理解的情况，教师需要临时调整教学计划，想办法将该项目讲授得更清楚。教师还应预测教学过程中可能出现的问题，对各种偶发事件进行正确判断、适当应对，采取有效措施解决问题。例如，授课过程中，当学生对自己教授的某些内容提出不同看法，对自己的讲解提出了疑问时，教师需要客观看待学生的疑问，与学生共同探讨，或者告诉学生课后解决，以保证课堂教学的顺利完成。最后，教师还应能够根据从教学中获得的有效反馈信息，及时调整自己的教学安排和教学方式、方法。教学计划毕竟是教师在综合教学内容、学生情况、学年教学目标的基础上预先做出的判断，难免出现与现实不契合的地方。特别是教龄较短、教学经验还不丰富的教师，更容易碰到这种情况。日语教师更应该关注教学反馈情况，以及时调整自己的教学安排和教学方法。

日语教师要具备观察、了解学生的能力：观察、了解学生的能力也是日语教师必备的教学能力之一。为了尽可能地做到因材施教，满足每个学生的学习需求，教师要通过课堂观察、作业完成情况、考试成绩的变化、和家长的沟通等多种渠道，了解学生的学习情况和个性特征。在此需要特别指出的是，日语教师对学生的观察、了解不能局限于课堂和作业，更不能只看其日语学习成绩。课堂表现和作业完成情况是任课教师了解学生的重要依据，但是，学生作为一个完整的生命个体，教师应该全方位地、客观地了解学生的生理、心理、思想意识等。同时，伴随着时代的发展、科技的进步，教师与学生之间的交流也变得更加便捷和多样。教师只有通过各种渠道和学生"打成一片"来获得一手的、真实的情况，才能实现对学生的深入了解。

第二，教学研究能力。教育科学研究不只是教育理论工作者的事情，教师也应该具备初步的教育科学研究能力。日语教师几乎每天都和学生交往，都要研究日语教材和教学法，在教学实践中有很多经验和体会。日语教师应该将这些经验和体会进行整理并上升到理论的高度，为我国日语教学理论的发展和日语教学法的更新做出贡献。教师具备初步的教育科学研究能力对促进教学的科学化、大面积提高教学质量是有积极意义的，对教育科学的发展也起着不可低估的作用。

第三，人际交往能力。交往是指人在社会生活中交流信息、沟通情感和相互作用的过程。日语教师的教学工作与学校、同事和家长有着直接的联系，教师要想很好地完成教学任务，取得较好的教学效果，应该具备良好的和学校、同事、家长进行人际交往的能力。

日语教学在学校整体的教学安排之中，处于学校教学管理部门及其他管理部门的统一管理之下。日语教师应该学会与学校管理部门进行沟通和协调，结合日语课的实际，认真接受管理，并根据实际情况，合理提出日语课的特殊需求。教师与同学科教研室的同事之间，以及不同学科教研室的同事之间要积极地进行沟通和协调，保证教学内容的衔接和课时安排的合理性。教师应从教研室工作全局的角度看待工作安排，从提高学生综合能力的角度与其他教师协同对学生进行指导。与家长的沟通也是必不可少的，教师应通过家长会、校园参观活动等积极、主动地与学生家长沟通学生的学习、生活情况，并学会活用现代通信手段，通过微信群、腾讯 QQ 群等方式与家长保持有效的沟通。家长的支持和理解对教学活动的开展和教学效果的提高具有重要的作用。

（4）日语教师的专业发展。教师的专业发展是关系着每个教师切身利益的个人问题，也是事关教育事业生存和发展的重大社会性问题。近年来，我国教育理论界和各级学校等教育机构对教师的专业发展越来越关注。随着国内日语师资短缺问题的逐步解决，口语教师的专业发展逐渐受到各级教育机构的重视。日语教学实力较强的大学、各级日语教学研究组织和日语教学相关的出版机构等协调配合，一方面积极推动日语教师教育专业的确立和发展；另一方面努力创造各种进修、培训的机会，为我国日语教师的专业发展做出了不懈的努力。

日语教师的专业化发展是一个动态发展的过程，教师的思想观念、动机态度、价值取向、专业知识和技能都在不断调整和修正，并不断被重新审视、评价、塑造，不断接受挑战和考验。日语教师专业发展的内容也非常丰富，包括专业知识、专业技能、专业态度、学历、教育知识、教学能力、职业道德、自我评价、自我发展的需求和意识等。从个人的角度出发，我国中学日语教师要想实现自己的专业化发展，可从以下方面努力：

第一，保持不断学习、提升自我的强烈意识。无论学校对于教师的专业发展持有何种态度，教师的内部动力永远是教师专业发展最基本的条件。强烈要求学习、进步的教师才有可能利用各种途径促进自己的专业发展。

第二，积极参加各级各类教师培训、教师研修、教学竞赛等活动。在中学日语教师相关的教研活动较少的现实背景下，抓住一切可以提高自己的机会非常重要。除日语教学相关的教研活动外，相关学科的教研活动日语教师也应该主动参加。

第三，积极开展与日语专业知识、日语教学理论相关的自学活动。外部的教学教研活动是教师无法控制的，但是看书学习却是可以自己安排的。日语教学方面的书籍可以丰富教师的专业知识，提高专业技能，为日常教学提供源头活水。

第四，增强教学反思意识。教学反思被认为是教师专业发展和自我成长的核心因素。日语教师要学会对自己的教学行为进行细致的观察，针对自己遇到的问题，进行系统的、科学的分析和研究，最终提高自身教学的质量和理论水平。

第五，勇敢进行教学研究，撰写科研论文。很多中学日语教师认为自己的工作就是上好日语课，教学研究距离自己较远，且认为自己不具备进行教学研究的能力，这种想法是需要改变的。适当的教学研究能够帮助教师总结自己的经验，提升自己对教学的认识，对日常的教学也有很大的促进作用。

3. 日语教师教学艺术与风格

一名优秀的日语教师除了具备德、才，还应该掌握高超的教学艺术，形成自身独特的教学风格。高超的教学艺术和独特的教学风格会使一名合格的日语教师更加优秀。

（1）日语教学艺术。一般而言，教学艺术是教师在一定教学思想的指导下，通过综合运用各种教学技能、技巧，遵循美的规律进行的创造性教学实践活动。日语教学艺术是指日语教师在一定教学思想的指导下，通过综合运用各种外语教学技能和技巧，遵循美的规律进行的创造性的日语教学实践活动。日语教学艺术对学生的成长具有重要的推动作用，对教师的发展也具有积极的引导意义。

从学生的角度而言，高超的日语教学艺术能够陶冶学生情操、提高日语学习的效果、创造愉悦的学习环境。平等和谐的日语师生关系，生动活泼的日语教学氛围，丰富多彩的人际交往，都能够让学生潜移默化地受到感染和教育。教学艺术高超的日语教师往往能以优雅、自然、亲切的教态，生动、形象、幽默的教学语言，吸引学生的注意力，建立良好的个人权威，使学生对教师产生好感，从而提高学生学习日语的兴趣。日语教师教学艺术的水平在一定程度上左右着学生学习日语的积极性。教学艺术精湛的日语教师还能够发挥学生的优势，并给学生留出足够自我发挥的空间，鼓励学生自己总结概括日语的特点、探究日语背后隐藏的文化背景、构建自己的日语知识结构，实现学生的自主学习。情趣化也是日语教学艺术的重要组成部分。日语教师简洁、流畅的日语表达，自由插入的日本小故事，惟妙惟肖的日语模仿，忘情的日语诗歌朗诵、日语歌曲演唱等都能够缓解学生学习的疲劳，避免课堂的单调，营造一个轻松愉快的日语学习环境。

从日语教师的职业发展而言，具有高超的日语教学艺术是一名日语教师成熟的重要标志，会增强该教师对自己职业的认同感和自信心，让其感受到日语教师这个职业的美和独特之处，也会更加激励其提高自身的修养和各方面的能力。

（2）日语教学风格。日语教学风格是指日语教师在长期教学实践中逐步形成的、富有成效的一套日语教学观点、日语教学技巧和日语教学作风的独特结合和表现，是日语教学艺术个性化的稳定状态。日语教学风格是日语教学艺术成熟的重要标志，也是教师教学上创造性劳动的结果。日语教师只有在教学中善于总结经验、勤于摸索教学规律、勇于创新实践，才会形成自己特有的日语教学风格。日语教学风格具有独特性，每个日语教师的教学风格都是这个教师所独有的。日语教学风格是基于日语教学规律的，能够吸引学生的注意力，因此有助于提高学生日语学习的效果。此外，日语教学风格具有相对稳定性，一名日语教师无论上基础课还是上复习课，无论上听力课还是上会话课或写作课，都会体现出自己的教学风格。当然，日语教学风格也不是一成不变的，随着教师口语教学经验的积累和教学思想的更新，优秀的日语教师会不断对自己的教学风格进行调整和完善。

日语教学风格的形成具有阶段性的特点，在模拟阶段，教师由于缺乏教学经验和独立教学的能力，往往通过模仿教学专家、优秀教师或者周围同事的教学设计、方法来开展教学。模拟教学一般带有其他人教学风格的影子，缺乏自己的个性。达到了熟练程度之后，教师会开始独立思考、独立创造，努力探索适合自己的日语教学风格，这是教学风格形式的创新探索阶段。虽然教师在这一阶段会慢慢积累一些自己的经验，形成自己一定的教学风格，但是这种风格还不够稳定，特色还不够鲜明。进入教学风格形成的最后阶段，教师教学的特色逐渐稳定，特色越来越鲜明，面对不同的学生和不同的教学场所、教学内容都能够从容应对。

日语教学风格的形成需要日语教师做出不懈的努力。一方面必须热爱日语教育事业，全身心投入。只有热爱，才能够不断尝试，只有不断尝试才有可能形成自己的风格。另一方面，日语教学风格是具有科学性的，教师必须掌握教育教学（特别是日语教学）规律，苦练日语教学基本功。任何风格都不是凭空存在的，必须要在日常的教学中得以体现。此外，教师还必须认清自己的特点，确立具有自身特色的教学风格。总而言之，日语教学风格的形成无法一蹴而就，也不能简单地用教学时间来衡量。日语教师必须不断地学习、不断地尝试、不断地创新，才有可能形成自己的教学风格。

（二）日语学生

学生是教学活动的主体，同时也是教师教学实践的对象，日语教师要完成自己承担的日语教学任务，充分发挥学生的教学主体作用，使学生获得丰富的日语知识、掌握熟练的日语技能，实现自己的学习目标，就要对自己所教授的学生有充分的了解，同时秉持科学的态度，形成科学的学生观。

教师的学生观是教师对学生特征和培养方向所持有的基本认识和根本态度，它支配着教师的教育行为，决定着教师的工作态度、工作方式和工作效果，对师生关系产生着重要的影响。作为一名日语教师，应该积极了解、研究学生的具体情况和个性特征，科学、客观地看待自己的学生。学生是完整的人，作为独立的社会个体，具有生理、心理、社会、物质、精神、价值、信仰等多层次、多方面的需求。教师在教学活动中，要将学生作为完整的个体来看待，要关注他们各方面的需求，而不能仅仅注重其中某些方面。学生的兴趣爱好是学生个人发展中必不可少的，学生应该有发表自己意见的权利，学生的身体状况、精神状态应该得到关注。学生的发展应该是全方位的，教师对学生的教育和培养也应该是多方面的。不同学生可能在兴趣、爱好、志向等方面有很多共同之处。但是，受到先天条件、后天教育等因素的影响，学生之间总是存在着这样那样的差异。这就要求教师遵循学生的个性特征，按照并充分利用每个学生不同的兴趣、能力、气质和性格特点等因材施教。

日语教师的学生观是教师对学习日语的学生所持有的基本观点，进行课程改革以后，日语教师的学生观发生了明显的变化，主要体现为开始关注如何发挥学生在教学中的主体地位，尊重学生作为生命个体的尊严和平等，追求学生的全面发展等。要发挥学生的主体作用，需要通过座谈、观察、问卷等各种方式了解学生的学习需求以及语言学习观等。学习需求是指学生的学习目的、学习目标等，例如，学日语是为了高考、留学还是发展兴趣；希望学到初级、中级还是高级；希望会说还是能写。学习风格是学生在学习过程中所具有的或偏爱的方式，换言之，就是学生在研究和解决其学习任务时，所表现出来的具有个人特色的方式。例如，有的人喜欢看纸质材料（视觉刺激）进行学习，有的人喜欢通过听录音（听觉刺激）开展学习，有的人喜欢一个人学习，有的人喜欢和其他学生一起学习。语言学习观是学生对自己所学语言以及语言学习过程所持有的看法和信念。学习需求、学习风格和语言学习观对学生的学习态度、学习计划、学习方法以及最后的学习效果都有重要的影响。教师应注意了解学生在这些方面的特点，并在教学设计、实施以及日常交流中利用学生的这些特点，还可以通过教学活动修正学生固有的一些不科学的观念，培养学生科学的外语学习习惯。

（三）日语教学中师生关系

师生关系是教师和学生在共同的教育教学活动中，通过认知、情感互动和交往形成的人际关系。师生关系是教学活动中最基本的人际关系，在教学活动中起着重要的作用，直接影响着教学的有效性。师生关系是影响教学目标达成的关键因素，是否能够正确处理师生关系是衡量一个教师专业素养高低的重要标准。在日语教学中，师生关系可以体现在教学活动和日常交际两个方面。教师和学生在教学任务、课程计划、学校规章制度及其他行政措施指导下，形成一种以教与学为主要内容的"工作关系"，它是建立其他方面师生关系的基础。在教与学的活动中建立良好的师生关系，主要取决于教师指导作用的发挥。教师必须充分了解学生的实际，不能主观、盲目地开展教学；必须充分调动学生学习日语的积极性、主动性，不能采用注入式教学。此外，师生之间要保证足够的民主、平等，积极协作，不能采取"教师一言堂式"的做法。只有这样师生之间才能建立良好和谐的"工作关系"，也只有这样才能够保证教学活动的顺利开展，保证教书育人目标的实现。

除了课堂，日语教师和学生还会在日常生活中发生接触、产生交流。日常的交际也是形成良好师生关系的重要途径。教师在日常生活中的言行举止是其自身修养的直接体现，直接影响学生对教师的印象。学生只会对自己尊敬的、向往的教师产生好感。师生之间产生交流的愿望，就有可能建立起良好的师生关系。

1. 良好师生关系特点

和谐融洽的师生关系一般具有相互尊重、民主平等、公平宽容、相互信任等特点。相互尊重是形成良好师生关系的前提条件。民主平等是师生交流顺利进行的基本保障。民主的班级氛围能让学生身心放松、思维活跃，充分表达自己的观点和感受，能让教师深入地了解学生的真实情况。教师与学生在专业知识、专业能力方面是不平等的，但是同样作为一个独立的社会个体，人格是绝对平等的。平等的关系才能够实现真正坦诚的沟通和交流。公平和宽容也是维持师生间良好关系不可缺少的重要因素。公平主要是指教师在对待所有学生时一视同仁。宽容是指教师应该用发展的眼光看待学生，明白中学生尚处于"不成熟"的发展阶段，对学生的一些不当言辞，能够以一颗宽容的心去对待。相互信任是师生间建立、保持良好关系的根本保证。信任是一切交流的基础，没有信任，真正的交流无从谈起。

2. 良好师生关系构建

从日语教师的角度而言，要建立良好的师生关系，需要从宏观和微观两个方面努力。从宏观上来看，教师需要树立正确的教师观和学生观、不断提高自己的亲和力，并注意加强学校、家庭、社会三方面之间的理解、交流与合作。①正确认识教师、学生及其之间的关系。教师要对自身的工作性质、职责做出正确的认知，对学生身心情况做到切实的掌握，从教育科学的角度对教学规律以及教学中师生的关系加以认识。观念决定态度，态度影响行为，科学、正确的教师观和学生观是建立和保持良好师生关系的关键。②做一个有亲和力的老师。教师本身的教育观念、个人气质、知识结构，校园和班级氛围等对教师亲和力的影响比较明显。提高教师的亲和力，要求教师尊重和信任学生，多与学生进行交流，开展形式多样的师生活动，在交流中加深师生感情；同时还要学会正确处理教学活动中的师生冲突，注意掌握一些基本的师生交往的技巧。③加强学校、家庭、社会三方之间的理解、交流与合作。教师要以家长为桥梁，积极地与家长沟通；做到以兴趣为纽带，连接师生关系，调动学生参与教学活动的积极性，加强师生之间的交流；要重视和加强教育与社会生活的结合，调动多方面的积极因素。

从日常教学方面来看，教师需要将构建和谐师生关系贯穿到教学的各个环节，贯彻到与学生的每次交流当中，注意学习一些"小技巧"和"大智慧"，真正将构建和谐师生关系看作自己工作的重要内容。

（1）把尊重学生放在首位。日语教师与学生虽然社会角色不同，在专业知识储备方面存在明显的差距，但是在人格上是平等的。在一些教师的思想认识中，还不能够完全认同这种"平等"，特别是在日常教学以及与学生的交际过程中，很容易出现无视学生的感受的情况，这样的观念和做法不符合现代教育的精神，也与学生所处年龄阶段的心理要求格格不入。师生冲突的起因往往是教师与学生一方或双方的不尊重。

（2）设身处地为学生着想。鉴于我国中学日语教学的实际情况，一些学校的日语教学时间紧张、任务繁重，对学生而言是一个不小的挑战。同时，学生还有其他科目的学习任务，需要多方兼顾。因此，口语教师在制订教学计划、布置学习任务时，需要从学生的学习实际出发，坚决避免不顾学生的学习时间，提出过高学习要求的做法。语言的学习内容众多，是一个艰苦的过程。教师为了完成语言教学任务，很容易采取满堂灌的教学方式，导致学生失去学习兴趣。因此，教师要注意把社会文化融入课堂，改良自己的教学方法，尽量让日语课堂活泼起来。此外，日语教师还应该在学习方法方面对学生加以指导，针对学生提出的难点，多思考一些实用的教学方法，帮助学生更好地理解和掌握知识。

（3）赏识每个学生。每个学生的学习背景、学习能力不同，其学习的效果自然不同。作为一名日语教师，应该学会发现学生的进步和闪光点，从细节出发，从具体事件出发，表扬和鼓励学生。同时要注意，表扬避免过度集中于部分学生，应该让各层次的学生都感受到关怀和温暖。表扬必须从实际出发，做到准确、到位，避免过度表扬和形式化表扬。

（4）和学生进行有效的沟通。构建和谐的师生关系，有效的沟通必不可少。沟通可以有多种形式，如当场沟通、课后沟通、个别沟通、集体沟通、面对面沟通、电话沟通、网络沟通等。沟通的效果更多取决于沟通的内容和方式。和学生沟通时必须坚持实事求是、以理服人、把握分寸、因人而异的原则。批评学生要有理有据，不可主观臆断；与学生探讨问题要以理服人，不可用高压逼迫学生接受；与学生产生分歧时，要控制情绪，把握节奏，掌握局面；面对不同的学生，应该根据学生的性格特征，选择合适的沟通方式。

（5）公平对待每个学生。学生一般具有强烈的平等观念，希望教师能公平对待自己。教师一定要秉持一颗公正之心，制定、执行各项规章制度，避免出现偏爱、袒护等行为。尽量发挥每个学生的优势和特长，让学生感受到班级对自己的重视，认识到自己的价值。构建和谐的师生关系，涉及教学的各个方面，体现在每一堂课中，体现在教师与学生的每一次交往之中，需要教师多角度审视，全方位思考。日语教师应该时常反思自己与学生的关系，客观评价，积极改善。

二、日语教学的内容

日语作为一门语言学科，有着独特的语言体系，而语言的使用形式是听、说、读、写，语言技能的学习不是孤立的，而是与语言知识的学习同步进行的。下面主要探讨日语知识、日语听力、日语会话、日语阅读、日语写作、日语翻译教学。

（一）日语知识教学

各种语言都有其特殊的语音体系，对语音的研究从属于语言学领域。语音教学过程是教育学和心理学的研究范畴，因为在语音教学中涉及一系列生理、心理方面的问题，按照中国学生语音学习的心理特点和日语语音的本质特征，以及日汉语言中语音的差异，探讨语音教学方法是语音教学研究的重要课题。语言的要素中，词汇是组成语言的最小单位。"词汇展示是日语词汇教学的第一个阶段，也是最基础的阶段"。从对词汇的掌握程度上看，要使学生掌握词汇的读音、意义、写法以及运用中的助词接续、词尾变化等，能够在说和写的训练中达到熟练、准确运用。从词汇的掌握范围看，要掌握读音、书写，要能听懂并准确使用。

由于日语词汇中与汉语词汇同形异义、同形同义，以及词义基本相同而词义范围不同的词汇大量存在，很容易造成汉字词的概念错误。日语中有些固有词汇，其词义接近，译成汉语时难以分辨其语义的微妙差异，而在日语中却有着不同的词义范围和使用限制，不能误用。这样的词汇使用错误。因此，准确掌握词汇概念也是词汇教学的难点所在。

词汇的教学不仅要解决"释义"的问题，还要解决"语感"的问题。这里所说的语感是学生对于日语语言中的音感的掌握。指导学生有意识关注一些词汇的形成或发音规律，对于词汇记忆和词汇运用有重要意义。

日语语法中存在惯用句型结构，复杂的句型结构是由两个原因组成：①句型结构比较长；②句型搭配。各自的应用场合、表示的断定语气也有差异。因此，日语语法教学的难点之一就是句型记忆。

日语中存在着两种性质截然不同的词类：①以表示客观事物为主；②以表示主观意志为主。在表示主观意志的词类中，助词和助动词是组成其语言的关键部分，那是因为日语中绝大部分语法都是要依靠动词和助动词来连接完成的。所以，在日语教学中，要把这种具有语法功能的词汇划分到语法范畴。学生对日语语法功能词的掌握是日语能力检测的重要内容。

常见的日语功能词中一般包括句型、助词、助动词、文言助词助动词的残余用法、起助词助动词作用的复合成分（有两个或两个以上的词或词素构成、相对固定的符合形式）。通常从两个角度认识日语语法的功能词：①广义的语法功能词指所有具有语法功能的词，包括如助词、助动词、接续词、语法性接尾词、起助词和助动词作用的复合成分等；②狭义的语法功能词一般只指起助词、助动词作用的复合成分。日语语法结构本身存在一定的特殊性，又因为母语的影响，导致多数学生更加分辨不清日语语法的意义。

日语语言规则教学的目标是使学生能够熟练应用语法，但在教学中往往偏重书面练习，通过完成习题来达到对语法规则的熟练，致使口语应用时容易出现影响交际的语法错误，或者交际过程中语言迟缓、表述不流畅的问题等。因此，帮助学生熟练应用语法规则也是教学的一个重要内容。

（二）日语听力教学

日语听力教学，是通过听力练习观察一些具体例子，来探讨会话内容的。"听力"需要学生具有瞬息捕捉信息的功力，"听"的活动是听话人要运用各种各样的语言知识和非语言知识来进行推测和预测的活动，是主动而积极的语言再构建活动。"听的语法"不应局限于迄今为止的狭义的句型和话语，而是一种包括了音声、词汇以及策略在内的、内涵非常广泛的东西。

"听"的问题很重要，在"听"的过程中推测和预测也很重要。推测和预测二者互相补充从而达到理解内容的目的。可以推测省略的内容以及说话意图等非明示信息、推测由于能力不够及由于杂音影响而偶然听漏的信息、预测句子内部成分，对省略了句末部分的婉约表达的理解和预测两个句子以上的话语是如何发展的。一般而言，对于那些拘泥于一词一句的由下而上型的学生而言，让他们掌握从大处着眼的由上而下的推测能力十分重要。不过那种根据不完整的信息所做的由上而下的推论往往是南辕北辙。

情景确定、课题明确的活动难度比较低，而和朋友之间的闲聊以及和教师进行商量等自由度比较高的活动，难度就会较大，因此，要达到能够预测要听到的部分，以及推测没听到的部分，就需要真正厘清"关于听的语法"，与推测、预测相关的各种因素看似模糊其实很具体，大都是能够学会的。

1. 言语听解教学认知

听是外语学习的四项基本技能之一，是外语教学的目的，也是学习者获得日语知识和技能的源泉和手段。从传递信息的角度而言，听是吸收的过程，属于言语理解的技能。听还是一个被动的过程，尽管听的过程也包含主观分析等主动因素，但是却无法摆脱其被动地位，因为别人讲话的内容由别人决定，不能以听话人的意志为转移。从语言的表现形式来看，听的过程则是隐蔽的，是否听懂往往不是立即能发现的。因此，听力训练又是一种智力活动。听与阅读一样，都属于领会式言语活动，有感知和理解的过程，其效率也包括理解程度和理解速度两个要素。外语学习中的听觉技巧主要是指推测能力和预测能力。这些能力的提高通常以阅读理解能力为基础。由于听和读所凭借的感觉器官不同，所以听觉理解能力虽然以阅读理解能力为基础，但是仍需要进行专门的训练，因此这是听力能力培养目标之一。

2. 日语听力教学要点

(1) "听音会意"能力的培养。要学会听，首先要学会听音、辨音。日语语音知识教学策略中介绍了日语语音的构成特点。例如，由于汉语中没有长音和短音的区别，对于日语长短音的听解就成为日语听解的一个困难所在。正是由于音位、音调、音长和音拍等的不同而产生的日语语音特征的存在，准确感知语音是正确理解所听到的话语内容的一个关键。而通常听力学习所说的听力不是指听音、辨音能力，而是指听音会意能力或听觉能力。培养听音辨音能力主要是语音教学的任务。对听力教学来说，它只是伴随性的任务。"听音会意"就是将语音与词及语法形式迅速建立起联系，从而感知、辨别和理解词句的意义。这是听力能力培养的首要目的，也是听解教学的难点之一。

（2）快速准确存储信息能力的培养。在运用母语会话时，即使听到很长的内容也能够复述出大概的内容，这是在"听"时短时记忆在发挥作用。而用外语交际时，由于对听到的词汇或语法现象以及语言交际情境的陌生，以及由于对使用日语进行交际活动本身的不习惯而导致记忆能力较弱，不能迅速准确地记住所听到的内容，出现听后记忆不清的情况，不能够把所听到的内容之间建立起联系，使每一个句子都成为孤立的语言符号。这就会影响听解效果，这也是提高听解能力必须逾越的障碍。

（3）长时间专注听解能力的培养。无论是听母语还是听外语，当专注于听解一个话题时，有时会因为过度紧张而产生听解疲劳，短时间内大脑运行停滞，产生听解空白。听外语时，这种空白发生的频率会更强，这是源于外语思维方式的变化，语言信息的传递和生成在头脑中还没有建立畅通的通路。日语教学需要帮助学生尽快建立起这个信息输入和产出的网络。通过训练，让学生逐渐适应用日语听解的思维方式，逐步延缓或减少由于紧张、陌生而产生的疲劳，把听日语和听母语的感觉趋向等同。因此，提高学生长时间听解能力也是听力教学的任务之一。

（4）调整母语思维方式的培养。因为日语与汉语的语序不同，在听解时需要将思维调整到日语表达方式中。这种思维的调整是听话者的隐性行为，由于思维习惯的调整是逐步形成的，开始时是汉语方式与日语方式的交替，必须经过一段时间的训练，才能逐步过渡到完全的外语方式。所以，学习者要尽快过渡到以日语思维方式来听解，减少母语对听解内容的干扰，这是日语听解教学的一个关键所在。

（5）精准取舍所听内容主旨的培养。听解的目标之一是在听的过程中不断对所听内容进行归纳、判断和推理，这一思维活动的前提就是要准确把握话题中心。在用外语思考时会带来智力下降的情况，这种智力下降表现在听解方面就是对于简单的逻辑性内容的推理、判断力降低，无法预测话题的发展趋势，不能迅速调整思路，跟不上说话人的思维变换，不能抓住话题宗旨，更不能及时对所听到的内容进行分析、思考，提出自己的看法，使自己真正参与到话题中去。只有做到思维正常运行，才能称之为听解，否则，只是倾听而已，所以，把握话题宗旨也是听解教学的要点。

（6）适应各种语速听力的培养。跟不上所听话语的语速往往是听音会意的主要困难。由于每个人的发音习惯和语速不同，适应不同说话人的语音和语速，也是日语听解能力培养的要点。

（三）日语会话教学

会话也是外语学习的四项基本技能之一，通常又被称为"说"。会话能力是一种复用式言语能力，要求说话人不仅要以语言能力为基础，还要以领会式言语能力为基础。与听解能力中包含快速理解能力要素一样，会话也需要具备快速表达自己的思想的能力。说话的效率包括构思和表达两大要素。学会用日语说话，特别是要提高日语会话能力，必须以阅读和听解能力为基础，要从阅读和听解中吸收"养料"。

从信息传递角度看，说是主动的过程，说的过程是外显的，说的内容，说得好坏，对方很清楚，不难评价。从语言表现形式看，说是表达、输出的过程。通常认为，在言语交际中听与说在口语中紧密联系，不可分割。听是说的基础，能听懂才能说出。"说"的技能对"听"的技能的提高也具有很大的帮助，能流利地说出的内容一定是能听懂的。听与说的技能都是一种运动感知技能。从语言的交际功能考虑，口语还是一种交际技能。"听"与"说"的教学必须发展这些技能。

"说"的这种言语活动能力可以从两个方面获得：一是言语习得；二是语言的学习。言语习得实际上也是一种学习，但是却是一种无意识的学习。习得语言就是不经过听课而学会语言，即在自然的语言交际情景中通过使用语言发展语言能力。言语习得的结果，是获得一般不通过记忆语言规则但却能判断正确与否的感觉，这也就是语感。语言学习是理解知识、自觉了解语法知识，是一种自觉的活动。语言习得有助于培养说外语的能力，并且语言学习有助于培养监控能力。通过语言习得启动外语句子，并且通过语言学习能够得到在思考后进行校正和改错的能力。因为，自然的讲话过程中，说话人没有时间对所说话语的正确性、语法规则进行检查，而是更关注所讲的内容，过多的口语监控会产生停顿、犹豫和话语的不连贯。因此，语言的习得对外语能力中"说"的能力的形成至关重要。过去的外语教学重视语言学习超过重视语言习得，现代学习心理的发展为外语"说"的能力形成提供了理论依据。但是，在重视语言习得的同时，也不能完全否定语言学习对"说"的能力形成所起的作用，既要重视语言的习得又要重视语言的学习。日语会话教学的要点如下：

第一，自信地开口讲日语。许多日语学习者都因为担心发音、语流语调不好、担心说错话等原因而羞于开口，导致会写不会说、会看不会说的情况时有发生。因此，要提高学生开口说日语的自信，是会话教学首先要解决的问题。

第二，摈弃母语翻译思维。许多学习者用日语表达时都是先把要说的话在头脑中用母语考虑一遍，然后再译成日语，造成一方面语言表达不流畅，会话时语速很慢，另一方面还会使用一些不符合日语表达习惯的语句，出现"汉语式日语"的表达错误，导致交际困难。

第三，提高语速与表达流畅度。语速慢、表达不流畅的原因之一是，会话时大多用母语思维，用日语表达时依赖翻译。另外的原因是，平时在朗读或听音训练中缺乏提高语速的练习，口腔等发音器官的肌肉运动不协调。此外，在练习用日语思维时开始也会出现语速慢、表达内容的逻辑性不强、表达不流畅的情况。在讨论特别是应对无主题谈话时，思维转换缓慢，不能自如切换谈话的话题，出现思维间断空白，与话题相关的词汇等不能迅速回忆起来，造成交际困难。

第四，关注语言表达形式与表达内容。在会话过程中，因为过于重视词汇、语法或语音语调等语言的表达形式，而忽视想要表达的内容的逻辑性，导致语言的逻辑、语句与语句之间的内在联系欠缺，所说的语句都是孤立的一个个的句子，听起来生硬难以让听话人把握话题宗旨。

第五，有声状态下表达时提高思维能力。随着默读习惯的形成，出声说话往往会影响到人的思维能力。成年人与儿童不同之处就是大多已经形成默读的习惯，默读时能够进行判断、推理等思维活动，出声说话时思维能力就下降。而会话需要有声状态下的思维，所以恢复有声状态下的思维能力也是成年人学习外语的一个难题。

（四）日语阅读教学

由于日语中的当用汉字为中国学生提供了便捷，对于识记汉字的中国学生而言，虽然不能准确读出日语中中文字的发音，但是能够大概推测出整句的意思。但同时因为日语中存在假名词汇，所以有些情况下能够准确读出发音，却无法理解其中的意思。所以，学生在学习日语时，日语文字的读音、字形以及字义等常常会出现脱节。要想真正具备基础的日语阅读能力，首先要学习将日语的读音、字形、字义有机结合起来，先通过视觉将声音的符号分辨清楚，将这种声音符号同它所代表的意思联系在一起，再去对文字所表达的内容加以理解，这样才能提升基本的阅读能力。

阅读是以书面形式进行的交际活动，阅读过程中所使用的是一种特殊的语言，这种语言以文字作为其外部的表现形式，是借助视觉器官来接受外部信息的活动。阅读是一种单向的交际方式，阅读是读者针对作品进行主动思维的一种过程。读者在阅读文字材料时，先要识别其中的词汇、假名以及句子的基本结构，在此基础上去追寻作者的思路，这样才能正确理解和把握语言材料的实质性内容。阅读的过程中，读者接受不到语境、手势、表情以及身体语言的相关提示，只有通过文字符号来对语境加以感知。因此，读者要一边进行思考，一边加以理解，同时还要兼顾识别，只有读者综合运用自身的判断能力、分析能力以及思维能力，阅读的过程才能实现。因此阅读是一种思维的活动。

按照阅读时的心理过程来划分，阅读可以被分为两种：①分析性阅读。这种阅读，读者会对所阅读的材料进行全面分析，有时还会用到翻译功能，通过自己的推理，间接性地对文字材料加以理解，在日语学习的初级阶段，这种阅读方式能够促进日语学习的有效进

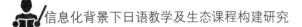

行；②综合性阅读。这是一种不通过翻译，直接对文字材料加以理解的阅读过程，日语学习的最终目标就是实现这种阅读能力。

日语阅读是一种推理的过程，在此过程中，读者通过自身的视觉器官去对语言材料进行感知，层层识别，最终加以理解。阅读是借助文字材料去获得相关的语言知识的一种行为，也是一种能力，通过阅读，学生能够从中掌握各种技能，获取更多知识。

1. 日语阅读教学特点

针对中国学生和欧美学生的阅读教学指导策略有很大差异。这是由于日语中的当用汉字为中国学习者提供了便捷，对于识记汉字的中国学习者来说，即使不能读出日语当用汉字的发音，也能推测出其大概意义。但是，同样由于日语假名词汇的存在，有时虽然能读出一些词汇的语音，却不能理解语义。因此，中国学生在阅读日语时，在文字的音、形、义方面有相互脱节的现象。培养日语阅读能力实际上是要在语言的音、形、义之间建立起有机的联系，由视觉辨认声音符号，使声音符号和它的含义联系起来，进而直接理解文字的内容，以形成阅读的基本能力。阅读既是已有外语知识的应用，也是新的外语知识和言语材料的吸收和积累，与其相比较，其他的言语技能，例如，说和写，某种程度上也包括听，却是一种知识输出。因此，阅读能力的特点有别于其他言语技能。

（1）阅读是无声的交际活动。首先，阅读是书面交际。阅读所接触的是以文字符号为外部表现形式的语言，是凭借视觉器官接收信息的。其次，阅读是单向交际。作者通过文字符号、标点、重点符号、大小写、不同的印刷体等非语言手段向读者传递信息，阅读时有疑问不能当场询问，理解是否准确也无法当场验证。阅读也是读者与作者之间进行的交际活动。因为通过阅读，读者能够感受、理解作者的意图、思想。这种感知和理解不是简单地接收信息，而是读者把自己的经验、感受等融合到所读的语言材料中，这样才可以引起共鸣。因此，阅读也是一种读者的创造性活动。

（2）阅读是读者自主的思维过程。阅读时要对假名、词汇、句子结构等加以识别，并以此为依据，跟踪作者的思想，以便把握所阅读的语言材料的内容。阅读过程中没有表情、手势、语境的提示，只能靠文字符号描述语境，所以，需要读者边思维、边理解、边识别，脱离开读者的分析、综合、判断和推理等思维活动，阅读就不可能实现。因此，阅读是一种思维的活动。

从阅读的心理过程看，阅读不是为了感知语言符号，而是为了理解所读的语言材料，这是阅读的最终目的。根据阅读理解的心理过程是以分析为主还是以综合为主的不同，可以将阅读划分为分析性阅读和综合性阅读。分析性阅读伴有对材料的全面分析，必要时还使用翻译，从而推理地、间接地理解文字材料，这种阅读对初级阶段的日语学习有重要意义。综合性阅读是一种不要求翻译直接理解的阅读，是阅读能力培养的主要目标。分析性阅读是综合性阅读的基础，在综合性阅读过程中也包含着如查阅词典、对难懂语句的翻译等的分析行为。因此，两者是互相联系，不可分割的。

阅读按照目的分类，可以分为略读、速读、精读和评读。略读是为了获取某一事实的信息的一种粗略的阅读；速读的目的是为了了解文章的大意；精读是为了全面精确理解一篇文章而进行的阅读；评读则是为了读后要对文章加以评价，以确定文章里的观点与读者有何不同。在日语学习中，通常是采用朗读、默读、精读和泛读等方式培养阅读能力，略读和速读很少被纳入阅读学习任务中，但是它在阅读能力培养中占据重要的地位。阅读能力即是感知、识别和理解语言材料的能力。

2. 日语阅读教学要点

（1）提高阅读的速度。按照各级大纲的要求，基础阶段的阅读速度为每分钟 50～80 个词；高级阶段的阅读速度为每分钟 100～130 个词。在开始练习阅读时，由于对语言规则、词汇以及话题本身的陌生，往往难以马上达到这个要求，需要通过训练逐步提高阅读速度。

（2）准确地理解语言。日语中助词和助动词的广泛使用，使日语的复句与单句不同于汉语，语序也不影响语意，长修饰语在句子中也使用频繁，这就造成学习者难以理解语句意义或文章宗旨，必须反复阅读。这也是导致阅读速度慢的原因。

（3）保持阅读的兴趣。当所阅读的文章中出现生词或语法项目时，就中断整个阅读活动，注意集中于对生词的查找或对语法项目表达意义的确认。这使阅读过程中的思维活动中断，阅读变成了词汇或语法项目学习的手段。在阅读文章中如果多次中断阅读，就会降低阅读的兴趣，因感觉阅读压力太大而导致抵触阅读的心理产生，最后放弃阅读。这也是阅读过程中经常会出现的情况。

（4）学习运用工具书。阅读过程中并不排除使用工具书，关键是如何使用工具书。有的学习者在学习中因怕麻烦而不使用工具书，有的学习者则过度依赖工具书，用工具书代替记忆，这些都不是正确的态度和做法。在阅读中不善于使用工具书会直接影响到阅读的速度、效率、兴趣、准确理解文章等，所以指导学生有效使用工具书也是阅读教学的重要任务。

（5）训练阅读过程中的思维能力。阅读虽然不同于表达式言语活动的会话和写作，属于领会式学习活动，但是，阅读同时也需要想象、推理、判断、概括、综合、归纳、分析等思维活动参与到其中，在阅读过程中机械地观察言语符号是无意义的，而学习者在朗读、默读外语时，都不免会因为过分注意语音、语流、语调而忽视语意，不能使思维活动有效地参与到阅读活动中，从而导致阅读理解的困难。

（五）日语写作教学

1. 日语写作教学内容

写作是借助文字符号传递信息的言语活动或语言交际形式，是一种言语输出过程，也是一种连续的运动技能。按照写作的内容形式，可以把写作分为"句写作"与"文章写作"，具体内容如下：

（1）句写作。句写作也称造句。造句是言语产生的基本能力，是言语表达技能的一部分。造句不同于表达思想，可以不考虑社会语境等许多因素，只要按照语法要求组织词汇和短语等语言材料即可。因此，书面造句还只是一种语言练习，以培养言语技能为目的。造句也有不同的层次划分：例如，初级阶段常用的替换性造句等；中高级的自由造句（对于一个单词或句法结构进行的）、回答问题、汉译日等。日语学习中的"句写作"是侧重在自由造句方面。口头造句与书面造句是截然不同的。口头造句主要依靠发音器官来实现输出功能，造句的效果部分取决于发音的质量，受时间限制，要求快速完成，无法使用工具书，语法词汇的使用一般较为简单，无暇修改和校正。书面造句主要依靠手的书写来实现输出功能。书写在造句中有一定地位，有较多时间考虑，能使用工具书，语法词汇的使用相应地较为复杂，不受时间限制（如课外作业），即使限时完成（例如，课内作业）也比较从容，完成后有检查、修改和思考的时间。此外，从句子内容的优劣主要取决于言语表达中最为重要的"语言结构能力"角度看，笔语的训练是一致的。但是，笔语在选词、语法结构等方面的质量要求更高一些。而且语言体裁和风格上，日语的会话语和书面语之间的差异也很大。

（2）文章写作。文章写作也是写作的重要形式。文章写作是一个自觉的过程。必须通过自觉学习来掌握这一技能。文章写作又是借助语言符号表达思想，不可能借助面部表情、手势、身体动作等语言辅助表达手段，只能依靠文字和标点符号来表达思想，因此，不会有即时的反馈。文章写作可以反复考虑和修改。反复考虑就可以慎重措辞，反复修改就可以表达完整、表述清晰、减少错误。

写作课程是以培养笔语能力为目标设置的。写作能力有时体现为写文章的高级表现形式，有时也体现为用笔语回答问题的表现形式。由于日语语言有口语体和文章体之分，口语体通常用于口语会话，所以与"听"和"说"的关系更密切。文章体主要用于笔语交流，因此，与"读"和"写"的关系更为紧密。口语体和文章体几乎是两套词汇与语法体系。因此，与其他的外语技能相比，写作能力的培养就更有意义。提高日语写作能力要依靠日语语言结构能力和阅读能力的培养，同时也依靠听、说能力的培养，写作能力培养的目的就是把各种学习中获得的语言知识综合地运用到书面交际中去。写作能力的高低主要表现在构思能力和表达能力上。通过写作课或作文课对不同题材和体裁的内容（例如，信件、报告、日记以及实用公文等）进行的写作训练，也包括句子水平的书面练习，是培养写作能力中构思能力和表达能力的主要方式。在日语学习中，造句、汉译日、编写课文提纲等都可以看成是写作。这些写作活动是日语教学中的重要操练形式或教学方法，也是为培养写作能力做准备的具体训练。写作既是日语课程教学的目标之一，也是日语各阶段教学的目的和要求。写作训练也是外语思维训练、掌握外语语言结构的训练手段。通过书写日语文章或短句，学生可以获得日语笔语表达能力。

2. 日语写作教学要点

（1）扎实的语言基础知识表达技巧。为表达各种思想内容，必须具备相应的语言基础知识和表达技巧。语言手段越丰富，能够表达的思想内容就越多。要具备写作能力，首先就要扩大语言知识的储备和语言表达技巧。在写作过程中会遇到的首要困难是日语语言知识不足，例如，词汇量少，不能自如运用语法规则等，以至于不能准确表达思想等。

（2）把握书面语和口语表达的差异。日语的口语体与书面语在词汇运用、句法结构、句型句式等方面都有很大差异，另外书信、公文等的写作也需要遵循固定格式。因此要提高写作能力，不仅要依靠日语知识的学习和读、听等训练中获得的日语知识，还必须学会各种书面语语体的常用词汇和表达方式、句式，甚至还要学会正确使用标点符号等非语言手段表达。这种口语体和书面语之间的差异也为写作教学增加了任务量，是写作教学的难点之一。

（3）善于利用日语进行思维的构建。成年人通常具备一定的母语写作能力，在用日语写作时，往往采用先用母语构思或写作，然后再译成日语这种翻译式写作的习惯。不同阶段的日语学习对写作能力的培养也有不同要求。通常基础阶段与高级阶段在文章的体裁、书写的要求、用词以及语言规则的熟练使用等方面要求不同。为培养写作能力，采取笔头翻译的练习形式是容许的，可以省去构思话语内容的时间。但是为了培养在写作过程中的外语思维的习惯，要控制使用翻译，尽可能多地采用有助于养成直接用日语思维习惯的训练方式，以培养日语思维能力，提高用日语自如表达的程度。

（4）写作要善于展开话题言之有物。培养学生擅于展开话题，也是写作教学的任务之一。无论是用母语写作还是用日语写作，有时都不免会出现跑题的情况，也就是不能围绕题目展开议论或分析，这也是写作能力弱带来的外语写作困难之一，需要在教学中给予重视。

（六）日语翻译教学

日汉翻译是日语和汉语的语言信息互为转换的过程，是两种语言符号的互相阐释，它包括汉译日和日译汉两种模式，还包括有口译和笔译两种表达方式。职业口译按其活动性质大致可分为三种类型：会议传译、随从传译、联络传译，其中，会议传译按工作方式又可分为同声传译和交替传译。笔译主要与所译素材题材相关，包括文学翻译、科技翻译、政论翻译、商务公函翻译等。无论是口译还是笔译，按照翻译的具体策略来分，还有直译和意译之别。翻译的语言学研究，把翻译从经验主义中解放出来，使翻译不仅是纯语言层面的活动，更是一种重要的文化实践。翻译具有社会性、文化性、符号转换性、创造性和历史性等本质特征。总而言之，翻译是以符号转换为手段、意义再生为任务的一项跨文化交际活动。翻译与听、说、读、写四项外语技能有着密切的联系。口译与"听"与"说"相关，有关听说的能力对翻译能力的形成都有促进作用。笔译与"读"和"写"不可分割，读与写的能力也有助于翻译能力的提升。无论是听、说、读、写还是翻译，都与语言的文化背景密切相关。翻译的标准由于受到时代、社会需求、读者需求等影响，没有唯一的、绝对的标准。从教学角度研究翻译能力的培养问题，仅从翻译的准确性、艺术性、实效性出发，开展讨论。同时，翻译教学与语言知识教学和语言技能教学密切相关，但是，翻译学又是一门独立科学，有其独立的理论体系和研究方法，也有其独立的任务目标和标准要求。日汉翻译教学要点如下：

第一，翻译基础。翻译基础是译者能自如运用外语和母语两种语言。译者的语言基本功包括词汇量、语法知识、阅读或听解能力、分析理解能力、措辞能力、组句能力、修辞能力、文学艺术修养等。在翻译教学中，往往更重视对外语的理解、外语的表述方式，忽视对母语的再教学。在专业日语教学中，无论是口译还是笔译，准确翻译是基本原则，要做到准确翻译，一方面要对发话者（或者作者）的语言有准确理解、对发话者（或者作者）的心理准确把握；另一方面是完美利用另外一种语言，再现和传递出这些思想和话语内涵。所以，能否准确理解、表达两种语言都会直接影响到翻译的质量和水平。翻译教学肩负着教授"传递信息的方法和策略"任务的同时，也肩负着指导学生再认识母语的责任。

第二，翻译技巧。翻译教学的一项重要任务就是让学生把握翻译技巧，例如，词汇转换时，要注意中日词汇的概念有无差异、是否是专有名词或者多义词、词汇的感情色彩如何、位相语的翻译、熟语的翻译、简称的翻译、数次的翻译、流行语的翻译、歇后语的翻译、拟声拟态词的翻译、特殊词语的翻译等。文章的翻译会涉及不同题材、不同体裁文章的翻译技巧。语言的文化和心理在跨文化交际部分已经说明，例如，"说曹操，曹操到"这句话和三国的曹操没有关系，是语言的文化性表达。

第三，把握翻译标准。翻译标准的讨论始终是翻译理论研究的焦点，教师的责任就是指导学生能够按照不同翻译场合、不同翻译目标，采取不同的翻译技巧，灵活把握不同的翻译标准，做好翻译实践。

第四，翻译职业素养。翻译人员除了具备专业知识（外语知识、母语知识）外，还要具备广博的知识结构，了解各行各业的基本情况。职业翻译还要具备综合素质，例如，记忆能力、记录能力、逻辑分析能力、概括能力、语言表达能力、写作能力等。此外，翻译人员的素养（例如，社会责任心、爱国、爱民族、有信仰等）、职业道德（保密意识、严谨的工作作风、实事求是的翻译态度）、行为素养（举止有礼、穿着得体、态度端正、守时严谨等），也是通过翻译教学要学生具备的必要知识和素养。

第二节　日语教学的过程与方法

一、日语教学的过程

（一）日语教学过程的结构

1. 日语教学目的与内容结构

日语教学目的与其他学科一样，是由社会需求决定的，这些需求被国家制订的教学计划、教学大纲或课程标准予以具体化，再由教科书以生动活泼的形式呈现出来。而在实际日语教学过程中，则需要日语教师将日语教学目的进一步具体化并落到实处，每个时期的教学目的都根据当时的社会需求而变化。

要全面深入地开展有效的日语教学，必须不断完善和优化教学内容。日语教学与教学内容之间存在着一定的矛盾和辩证关系。一方面，教学内容要保持相对的稳定性，这样才能有正常的教学秩序；另一方面，教学内容又需要适应社会和科技的进步，保证学生了解社会需求和变化，掌握新的知识和技能，并能为将来的发展不断积累经验。

日语教学内容与学校的日语教学之间的这种矛盾是长久存在的。日语教学内容可能会随着社会发展增减项目或发生较大变化；而学校的日语教学一般力求稳定，即便改革教学，也需要有一段转变的时间，需要根据新的教学目的和任务更新教学观念，消化和理解改革的精神，探寻改革教学的方法，开展师资培训和教学实验等。当这种矛盾的发展处于和谐状态时，可以促使学校日语教学得到良好的改善。为了处理好这对矛盾，使它们发挥相互促进的作用，日语教育需要善于预测教学一线的发展，应该善于敏锐地觉察社会发展的最新需要，把握住从量变到质变的时机，把握住需要修改教学大纲、课程标准、教科书和教学法等的时机，因势利导地更新教学内容。这种更新可能只是局部的变动和修改，也有可能是对学科内容做全盘改革。为此，学校教育需要加强日语教学的发展性作用，即在教学日语的同时发展学生的思维、智力、意志和情感，其中首要是发展学生的思维。

2. 日语教学实施中条件结构

教师在具体实施日语教学时，还需要考虑日语教学条件的问题，教学条件主要包括日语教学过程中学生学习的潜在可能性、学校教学的物质基础、家庭环境、社区环境、班级的心理气氛等。

（1）学生学习的潜在可能性是最需要关注的教学条件。日语教学过程能否达到最优化，考察、分析和研究学生是首要环节。教师结合当时的教学条件选出教与学相互影响的最优形式，也是教学过程最优化程序中最重要的因素。教师在每种具体场合都要选出最恰当的教学相互影响方案，既要恰如其分地估计学生本身的可能性，创设有利条件使他们在日语学习中发挥独立性，也要预先定出控制其日语学习活动的合理形式，以便在最短时间内获得尽可能好的效果。

（2）学校教学的物质基础。日语教师应将教学设施、设备充分而有效地应用起来，因为教学设施、设备的功效需要通过使用才能实现。可以从使用率、使用效果、存在问题以及影响因素四个方面测评学校教学设施、设备的有效应用水平。提升开设日语课程学校教学设施、设备的有效应用水平是改善教学条件的重要途径。

（3）家庭环境。家庭环境的影响也是日语教学过程需要考虑的教学条件之一。对学生而言，家庭对其性格形成和发展具有重要和深远的影响。日语教师要了解并关注每个学生的家庭状况，帮助他们处理好家庭环境带来的影响，适时调节自己的情绪。这样有利于学生形成活泼乐观的性格，使学生热爱家庭、尊重老师，有良好的同伴关系，从而保持强烈的求知欲，富有生气，具有独立精神。这对日语教学过程中学生积极参与各项活动、开动脑筋、解决问题、开展合作学习等都是非常有益的。

（4）社区环境。社区环境主要指人们在社区里居住生活所处的公共空间的自然环境状况，包括地理环境、建筑环境、绿化环境、水体环境、噪声环境、视觉景观环境等。随着社会环境的不断变化，基础教育的不断发展，人们的人才观念、人生观念、价值观念、教育观念和生活观念都发生了很大变化。社区环境中的道德意识、文化意识、心理意识及生理意识等不断呈现多元化，这些因素对学习日语学生的心理发展也会产生很大影响。为此，日语教师也要研究环境对日语学生心态的影响，这种研究有很强的时效性和现实性，对探索培养日语学生良好心理素质的途径、方法，探索构建和谐社会、净化社区环境、优化社区教育的策略非常重要，既有理论价值又有实践意义。

（5）班级的心理气氛。日语班级与其他班级一样，是组成学校的基本单位，是学校这个大集体中的小集体。在日语班级这个小集体里，存在一定的社会情境、人际交往、角色影响，同时有相对的封闭性。因此，日语班级具有社会化、个性化，选择性、保护性的功能，有助于培养和发展学生的智力和非智力品质。日语班级中也会显现出各种文化，如教师文化与学生文化、个体文化与群体文化、班级文化与学校文化，这些对学生的心理素质有明显影响。班级中的各种交互关系，如师生关系、生生关系、师师关系乃至校长与教师、校长与学生的关系，都可能影响学生心理素质的培养与发展。班集体对日语学生个性心理特征、个性心理品质、个性心理倾向等心理素质的培养，也有着别的集体、群体无法替代的作用。为此，建设正气十足，学习风气积极（愿学、乐学、好学、自学）、健康的良好班集体，是日语教学过程最优化的必要条件之一。

日语班级的心理气氛离不开教室环境，一旦班集体形成良好的心理氛围，那么这个班集体将会很快成为学生身体与心灵都依恋的环境。在这个特殊的社会环境与生活时空里，学生之间可能产生积极的模仿，以及从众、认同、接纳、归因等良好的学习心理活动。良好的班集体心理氛围，对形成学生个体心理素质和班级整体心理素质都有不可估量的作用。而且学生的心理机制、年龄特点等主体因素与班集体的文化、精神等客体心理氛围因素的和谐统一，会对培养学生健康心理素质产生积极作用。因此，营造班集体良好的心理氛围，是培养学生健康心理素质的重要保证。

日语教师作为班集体的指导，对班集体的主体——学生的影响是最直接和持久的。教师指导与学生主体之间的联系，主要以日语教学活动为中介，通过日语课程管理等来实现。鼓励成功是激发学生内在动力的灵丹妙药。教师可以根据日语学科的特点，充分利用对话课、小表演、做游戏、背诵、听写、诗朗诵等形式让每个学生都积极参与，及时给予反馈，让学生品尝成功的喜悦。如果教师能够让学生及时了解自己日语学习的结果，特别是让学生从教师和家长这里时常得到恰如其分的肯定性评价，学生就会不断从自己的点滴进步中获得心理满足，产生积极的情绪体验。这对端正学生的学习态度、提高自信心，促使学生把"苦学"变为"乐学"，激发学生不断追求成功的日语学习欲望大有裨益。

营造班集体良好心理氛围的关键是提高日语教师心理素质及相关理论修养。日语教师应在实践中学习心理素质教育的理论、原则和方法。在理论上，教师应结合自身和所教班级的实际情况，思考并分析如何通过营造良好的班集体氛围来培养学生的健康心理素质。日语教师还须明确健康心理素质的内涵、标准以及相关的内容，根据班集体的具体情况，制订切实可行的心理素质教育计划，探索出打造良好班集体的有效途径。日语教师既要依据心理学的理论、方法来研究实际遇到的问题，也要依据教育学原理、方法等来剖析心理素质教育中的现象和问题，认真研究班集体对学生心理素质发展的作用。同时，运用"依法执教"的原则来规范、制约自己在心理素质教育中的行为，提高自己的心理素质水平和心理素质教育能力。

（二）日语教学过程的特殊性

首先，在日语教学认识过程中，学生是最基本的个体存在，学生在日语教学过程中产生的认识也是个体认识。虽然教师同样是个体存在，但在教学过程中要完成的是学生的认识过程，而教师从事的主要是教学实践工作，区别于学生的从不知到知之，从知之不多到知之较多的认识过程，故不在这里涉及教师的个体存在。其次，学生的认识是在日语教学过程中产生的，不仅具有日语学科的特殊性，还具有语言教育的特殊性。从日语学科来看，日语对中国学生而言是外语之一，而其语言及文化具有不同于其他外语的一面。本书的主要任务不是研究日语学科的特殊性，这里不予展开。从语言教育来看，学生认识日语与一般认识规律一样，都是由实践到认识，再由认识到实践的过程。不过，这里的认识过程不是指单纯的日语感知、记忆和思维的过程，这里的实践也不是教师、学生个体的独立活动，而包括日语教与学的相互交往和影响。基于上述认知，我们可以分别从认识和实践的角度分析日语教学过程的特殊性。

1. 从认识角度看日语教学过程的特殊性

（1）学生认识对象的特殊性。人类认识世界的过程是探索尚未发现的客观真理的过程。但在日语教学过程中，学生认识的对象主要体现在日语教科书或被规定的日语教学内容中，学生并不是直接去发现未知的日语。学生接受的是经过前人积累、整理或选择的日语教学内容，他们的学习以间接经验为主。可以在最短的时间内学到前人花费漫长岁月才能获得的日语知识和技能，这表明，学生是在间接地认识日语。

然而，现今的教学论更强调教学中直接经验的重要性，不仅掌握间接知识时需要直接经验，在发展智力、培养创造力时也非常需要直接经验。不过，在日语教学认识过程中，学生的直接经验，包括亲身观察、实践、体验等仍有其特殊性：①这种直接经验从属于间接经验，是为更好地掌握间接经验服务的；②这种直接经验是少量的，以达成一定的教学目标为限，不是越多越好；③这种直接经验是经过改造的，它不是生活中的原样，而是在经过精心设计和挑选的典型化、简约化语言情境中的体验。而且除了有日籍教师的学校，很难出现真正的日语环境，学生的认知体验多是在假设的模拟情景下进行的。

（2）学生认识条件的特殊性。学习日语学生的认识主要是在学校、课堂环境下，在有专业背景的日语教师指导下进行的。在日语教学过程中，教师的主导作用是必然和必要的，教师决定着教学的方向、内容、方法、进程、结果和质量。同时，日语教师把能利用的有利条件、合适的教学内容、科学的教学方法组成适合学生发展阶段和水平的教学模式，引导学生通过自己的实践逐渐完成日语学习任务。这样，就尽量避免或减少了学生认识日语的失误。

在日语教学过程中，教师的指导与学生主体是辩证的统一，即学生主体是在教师主导下的主体，教师主导是对学生主体学习的主导。既不能片面强调教师权威，也不能放任学生主体盲目行事。教师讲授无疑是必要的，教师不讲，学生不懂，就不能发挥主动性和主体作用，也无法激发和锻炼学生的思维能力、注意力、想象力和情感，但只有教师传授这一种形式也不利于发挥学生的主动性。必须把教师的主导作用与学生的主体地位统一起来，运用多种形式想方设法调动学生的积极性，激励他们开动脑筋去运用所学，形成外因通过内因而起作用的良性循环。

（3）学生认识任务的特殊性。日语教学过程中，学生通过认识活动不仅能掌握日语知识和技能，还能发展智力和思维能力，形成科学的世界观和社会主义道德品质。因此，日语教学过程又是一个培养人的过程。这与成人认识一般事物的过程、科学家探索真理的过程是不一样的。日语教学过程中的各项活动会引起学生在生理和心理上十分复杂的变化。学生在这种变化中获得新知，形成新的技能或智力，同时接受某种观点、思想。这是教学具有教育性的客观规律，即认识作为一种反映，概括了认知、情感、意志、性格以及各种个性心理特征。思想教育或智力发展不是日语教学认识过程以外的东西，而是内在的，伴随日语教学认识过程始终的。

2. 从实践角度看日语教学过程的特殊性

（1）实践目的的特殊性。日语教学过程中，言语实践不可缺少。要实际掌握日语，关键在应用，即将所学知识和技能在言语实践中反复运用，这样才能达到提高日语交际能力的目的。

（2）实践环境的特殊性。日语教学过程中的教师和学生的教学实践多限于学校、课堂这样特定的环境，不是在真正的口语环境中，而是教师根据教学任务事前设定的模拟环境。教师在这个模拟环境中对学生加以引导，以利达到预期的教学目的。

（3）实践方式方法的特殊性。日语教学过程中，教师可以通过示范演示、角色扮演、小组讨论、调查报告等多种形式丰富学生的感性体验，还可以借助直观教具，如挂图、卡片、实物、录像、PPT等，让学生感知新事物。根据教学目的，教师对日语学习任务精心设计、周密安排，使言语实践活动丰富多彩。教师在实践活动中展示自己的人格魅力，从而影响和促进学生成长。

总而言之，日语教学过程是一种特殊的认识过程，日语教学的目的、内容、任务和活动等都是认识世界或对世界的反映，其特点就是日语教学过程的认识是学生的个体认识；这种认识具有多重特殊性，是在日语教师的指导下，经过学生自身努力获得的。学生在获取日语知识、技能等的同时，其思想情感和个性等也随之发展并丰富。

二、日语教学的方法

日语教学和其他教学活动一样，是一种有目的、有组织、有计划的活动，学生在教师指导下从假名开始学习日语知识，逐步掌握听、说、读、写等日语技能，这是个极其复杂的发展过程，这个发展过程具有客观规律，"日语教学法就是研究日语教与学的过程及其规律的科学"。

（一）日语教学的主要方法分析

1. 日语教学的语法翻译法

语法翻译法是以翻译为基本手段，运用母语对日语的语法规则、语言结构等进行翻译、讲授的教学方法。语法翻译法既是最早形成的外语教学法，也是使用时间最长、最为广泛的外语教学方法。语法翻译法提倡运用母语教授日语，在教学中以翻译为基本手段，以语法学习为基本途径，强调语法教学的核心地位。语法翻译法的教学目标主要是培养学生的日语读写能力，通常采取教师讲授、学生接受的教学方式，师生间和学生间极少互动。语法翻译法对我国的日语教学有着深远影响，至今仍有不少日语教师在沿用语法翻译法来开展教学活动。

在日语教学中，语法翻译法的主要特点包括：①教学活动以教师为中心，教师讲授语言知识，学生机械性地记忆和背诵；②教师主要使用师生共通的语言，很少使用日语进行教学；③学习材料倾向于选择难度较大的文章；注重日语语法现象的分析，较少关注学习材料的内容和思想；④语言训练以句子翻译为主，不注重学生的交际应用；⑤重视语法形式的讲解和训练；⑥词语教学只给出相应的译词，较少关注词语的使用场合；⑦语音教学着力不多，较少关注学生的语音语调。

语法翻译法既有其优势，也存在明显的不足，其优点主要表现为：①能够帮助学生清晰地理解日语的语法概念，比较系统地掌握日语的语法知识，便于学生举一反三；②有利于学生快速、准确地读取语言材料，能有效提高学生的阅读、写作和翻译的能力；③对日语教师的教学专业技能要求不高，学生的学习成绩也容易通过词汇、语法和翻译等客观试题加以测评。同时，语法翻译法的劣势也十分明显，主要表现为：①单纯强调教师讲授，阻碍了学生的学习主动性，容易导致学生对日语失去学习兴趣；②忽视学生听、说能力的培养，导致学生日语交际能力严重不足，无法满足当代社会对学生日语能力的需求。

2. 日语教学的直接法

直接法是指尽量避免使用母语和翻译手段，通过各种直观手段直接运用日语开展教学活动的教学方法。由于直接法强调口语交际训练，在听、说的教学活动中自然领悟语言规则，因此也称"口语法""自然法"。直接法重视口语和语音教学，主张词汇和句子应结合上下文来学习，语法教学主要采用归纳法。

直接法的主要特点包括：排斥母语和翻译，直接以日语组织教学活动，广泛使用实物、图画、动作、手势、表情和游戏等直观手段解释词义和句义；倡导听、说先行，读、写随后的教学原则；主要教授口语，注重语音教学，初始阶段一般不涉及日语汉字的教学；语言材料为现代日语，教学以句子为基本单位，注重整句学习，不孤立地教授单词和语音规则；直接感知、模仿、类推为主要教学手段，初学阶段避免讲授语法规则，学习到一定阶段后再对语法进行归纳。

运用直接法开展教学活动，其优点主要表现在：①在初学阶段用直观手段开展自然的口语教学，不仅能使学生容易理解，而且能活跃课堂氛围，激发学生的学习兴趣；②强调直接学习和实际应用，有利于培养学生的日语交际能力；注重听、说能力的培养，能培养学生的日语思维和运用日语的习惯；③不断地重复和模仿，使学生掌握正确的语音、语调，有利于培养学生的日语语感；④以句子为教学的基本单位，有利于学生完整、准确地把握句子的含义，便于组织学生进行有意义的操练。

同时，直接法也存在明显的不足，主要表现为：①完全排除母语的中介作用，不仅效率低，而且对抽象概念难以讲解清楚，容易导致学生一知半解；②将母语习得与学生学习第二语言混为一谈，忽视学生的独立思维能力，妨碍学生的学习主动性；③片面强调口语教学，不重视培养学生的读、写能力，致使学生的语言表达浮于表面，难以进行深入的交流；④单纯依靠机械性模仿、操练和记忆，学生难以准确把握词语之间的搭配关系和句子的结构特征；⑤忽视语法规则的学习，学生不仅无法运用语法规则来规范自己的语言表达，而且也难以做到灵活运用、举一反三。

3. 日语教学的听说法

听说法是指以日语的句子结构为纲，以操练句子结构为中心，着重培养学生日语听、说能力的教学方法。听说法的理论依据是结构主义语言学和行为主义心理学，其主要特点表现如下：

（1）听、说为主，读、写为辅。听说法主张语言首先是有声的，文字只是记录语言声音的符号。因此，声音是第一性的，文字是第二性的；听、说是一切言语活动的基础，读、写是在听、说的基础上派生出来的技能；学习日语首先要掌握听、说，在初级阶段尤其应以培养口语能力为主，读、写技能为辅。听说法要求日语材料先要经过耳听、口说，然后再进行读、写，要严格按照"听—说—读—写"的顺序教学。

（2）反复操练和实践，形成自动化的日语表达习惯。依据行为主义心理学理论，听说法强调语言学习必须进行大量的"刺激—反应—强化"的反复操练，通过模仿、记忆、重复、交谈等实践练习，最终形成自动化的日语表达习惯。

（3）以句子结构为中心。句子结构是从大量句子中总结出来的句子架构模式，既是表情达意的基本单位，也是听说法的教学中心内容。在教学活动中，无论是日语知识的讲授，还是日语技能的操练，都主要以句子结构为中心，通过反复替换操练，使学生自主地运用每一个句子结构，最终达到学生综合运用日语的教学目标。

（4）排斥或限制使用母语和翻译。与直接法类似，听说法同样排斥翻译和使用母语，提倡尽量运用直观手段、借助情境或采用日语直接释义等方式开展教学活动。只有在采用直观、直接的手段无法解决问题的情况下，才允许把母语翻译作为释义和讲解的手段。

（5）对比语言结构，确定教学难点。听说法主张把日语和母语进行对比，找出二者在结构上的异同，以确定教学难点，并把教学的主要力量放在攻克难点上。不仅如此，在教学中还需要对日语内部的语言结构进行对比分析。提倡句子结构的教学顺序应采用由易到难进行训练的方法，以利于对复杂句子结构的掌握。

（6）及时纠正错误，培养正确的日语表达习惯。听说法强调从一开始就让学生正确理解、准确模仿、表达无误，发现错误及时纠正，避免学生形成错误的日语表达习惯。

（7）广泛利用现代化教学手段。听说法提倡在教学过程中积极利用各种现代化的教学手段，如幻灯、录音、影视等，通过多种途径对学生进行日语的强化刺激。

听说法是一种理论基础非常雄厚的教学法流派，它把结构主义理论和行为主义理论应用到外语教学中，使外语教学有了科学基础，具有划时代的意义。听说法的出现成为外语教学法发展史上的一个里程碑，在理论和实践两方面都促进了外语教学法的发展。听说法的优点主要表现为：①强调日语教学的实践性，重视听、说能力的培养，语音、语调比较自然。②重视句子结构教学。通过句子结构的反复操练进行听、说、读、写等语言技能的训练，养成自动化的日语表达习惯和日语语感，避免了烦琐的语法分析和抽象推理，同时对教师的日语水平和教学组织能力的要求也不是很高。③通过对比分析语言结构特点，确定教学难点，有针对性地加以讲解。

听说法的不足主要表现为：①把语言看作一系列"刺激—反应—强化"的过程，在语言运用的创造性方面认识不足；②过分强调机械性的句子结构操练，脱离语言内容和社会场景，对语言的内容和意义重视不够，不利于培养学生灵活运用日语和得体交际的能力；

③大量的机械性句子结构操练容易使学生感到枯燥乏味，容易造成课堂氛围沉闷、单调。

4. 日语教学的视听法

视听法是指利用视听手段，让学生整体感知和认识日语的语音、语调、形态和意义等，从而培养学生听说能力的教学方法。视听法主张充分利用视听手段，强调综合运用耳、眼、脑等感官整体去感知和认识语言材料的音、形、义和词、句等，重点培养学生的听说能力。视听法是在直接法和听说法的基础上发展而来的教学法，其主要特点表现如下：

（1）广泛利用视听手段。视听法强调语言与情景相结合，充分利用幻灯、收音机、电视机、录像机、模型等各种视听设备，让学生反复模仿，形成自动化日语表达习惯，主要培养学生的日语听说能力。教学时，学生一边看图像一边听声音，避免使用母语。这样可以使情景的意义与日语之间建立起直接的联系。

（2）强调整体结构教学。视听法强调语言内容的连贯性，通过情景和声音整体地理解日语材料的意义。视听法是一种自上而下的教学方法。其教学步骤是先看或听一段意义完整的日语材料，掌握其语音、语调和节奏等整体结构，然后进行个别元素的训练；教学顺序是：话语—句子—单词—单音；教学过程为：感知—理解—练习—运用。

（3）重视口语交际，提倡听、说先行。视听法的语言材料主要是两三个人之间的日常生活情景对话。学生通过语音、图像等，在自然的情景中感知、理解日语，然后进行模仿和练习。口语是视听教学的主要内容，目的是使学生掌握正确的语音、语调，培养口语语感，强化听说能力。

（4）视听并用，语言与情景密切配合。视听法认为，边看图像边听声音，可以使情景与日语之间建立起直接联系。这样既不需要使用母语进行翻译和解释，也能避免使用生硬的书面语。而且，图像不仅能够呈现出情景，还呈现出说话人的姿态、表情等，使学生对日语的感知和理解比单独听或通过书面学习更加全面、准确，也更能够激发学生学习日语的兴趣。

视听法的优点主要表现为：①视觉与听觉相结合，广泛利用视听手段，使学生见其形、闻其声、知其情，充分调动眼、耳、脑等多种感官，加深学生的感知和理解，促进学生在日语与现实之间建立直接联系，培养学生直接运用日语思维的能力。②强调在日常生活情景中直接感知日语的整体，并在交际中学习日语的语音、词汇和语法。贴近生活实际的教学情景使学生能够将日语直接运用于日常生活。③强调口语先行，读、写跟上的原则，重视培养日语的语感。④学生所接触到的日语材料都是地道的日语，有助于掌握准确的语音、语调。

视听法的不足主要表现为：①对于日语整体结构的感知和训练重视有余，而忽视语法规则等日语知识的分析与讲解，不利于学生理解和灵活运用；②过于强调直观情景，排斥母语的中介作用，不利于准确把握日语与情景的关系；③过于重视日语结构形式，强调以情景为线索来选择和安排日语材料，而有限的情景无法满足学生运用日语开展交际活动的实际需要。

5. 日语教学的全身反应法

全身反应法是以身体的动作、表情为主要教学手段，让学生感知并理解日语，重点培养学生听说能力的教学方法。全身反应法的教学思想与传统的外语教学法不同。全身反应法通过身体动作教授外语，主张在学生开口之前培养学生的听力理解能力，使学生的言行协调一致，减少学生在语言学习中的心理压力。全身反应法强调情感因素在学习中的作用。人文主义心理学认为，对学生的言语输出不做严格要求、具有游戏性质的教学活动可以减轻学生的心理压力，营造轻松、愉快的学习氛围，有利于提高学生的学习效率。从语言学角度而言，全身反应法主要依据结构主义语言学理论。全身反应法认为动词是语言的核心内容，学习和使用语言都应围绕动词展开；语言是作为整体被内化的，而不是单个的词汇元素。

全身反应法的特点主要表现在：①听力先行。先培养学生的日语听力理解能力，然后再要求学生口头表达。②结合身体动作反应提高对日语的理解能力。身体动作反应由教师通过有计划的指令进行控制，学生根据指令做出相应的动作，从而感知并理解日语。③学生可做好准备后再发言，教师不强迫学生发言。④强调教学的意义，降低学生的紧张情绪。

全身反应法的优点主要表现为：①能够抓住学生的注意力，吸引学生参与活动，让学生在身临其境的体验中学习。教学过程中尽量不纠正学生所犯的语言错误，有利于消除紧张的心理，让学生在宽松、愉快的环境中学习日语。②能够提供与实际生活关联紧密的日语学习环境，使学生在各种各样的活动中反复练习和学习日语。③协调运用左右大脑的功能，有利于发展左脑以提高日语学习的效率。④以句子为基本的教学单位，重视语言内容和意义，有利于培养学生的日语运用能力。

全身反应法的不足主要表现为：①全身反应法强调对动作指令的理解，但不强调语法规则及其运用。学生即使听得懂指令并完成动作，但不一定能够正确运用该指令。②全身反应法一般适用于初级阶段的日语教学，日语初学者会积极地配合完成动作，但是不断地重复动作，会让学生产生厌倦感。③适合运用全身反应法教学的内容主要是直观性强，可通过动作、表情来表现的比较简单的日语语句；表示抽象概念、语法关系等意义的词语，以及非直接描述动作、状态或者结构复杂的句子则难以通过动作、表情来表现。④由于存在个体差异性，部分学生并不愿意主动参与任何表演活动，即便他们完全能够完成这样的活动。如果勉强这部分学生参与，并不能收到预期效果。此外，蹦跳的课堂活动通常并不适合成年的学习者。⑤全身反应法还存在文化差异的问题。同一个动作在不同的国家或地区，所表达的文化内涵可能存在差异。

6. 日语教学的交际法

交际法是以培养学生的日语交际能力为目标的教学方法，交际法认为外语教学的目的是培养学生的交际能力，教学内容不仅包括语言结构，还包括表达各种意念和功能的常用语句。交际法重视培养学生的语言交际能力，采用真实、地道的语言材料，主张通过句子结构与具体情景相结合的方式开展教学，鼓励学生尽可能多地接触和实际运用。交际法把教学目标定位为使学生获得语言交际能力。针对传统外语教学法的不足，交际法提出重视语言交际功能的观点，坚持以语言功能项目为纲来培养学生的交际能力，打破传统外语教学沉重的课堂教学氛围。因此，交际法一出现很快就流行起来，成为国际上影响最大的外语教学法流派之一。交际法把语言视作一种意义表达系统，其基本单位不再是语言的语法规则和结构特征，而是语言的功能和交际意义，也就是运用语言叙述事情和表达思想等。交际法的特点主要表现在以下方面：

（1）课堂教学以学生为中心，培养学生的日语交际能力。首先，教师在课堂教学中需尽量使用日语上课，通过师生间的互动培养学生的日语交际能力；其次，选择真实、自然的日语材料和典型的情景，最大限度地利用接近真实的日语交际情景开展日语交际活动。课堂教学以学生为中心，教师作为学习活动的协助者和组织者，通过各种活动让学生充分接触日语，在活动中获得日语交际能力。

（2）教学活动贴近学生的生活实际。交际法认为，交际活动是在特定的情景中进行和完成的。因此，日语教学不仅要根据学生日常生活和未来工作的需要选择最常用的、最典型的日语交际情景，还要从学生最常用的情景中选取最典型的日语材料作为交际活动的话题。

（3）教学活动以内容为中心。教学过程中大量采用情景模拟、角色扮演、信息传递、语言游戏等活动形式培养学生运用日语开展交际活动的能力。

（4）强调运用日语顺利完成交际任务，而不是机械地进行语言操练。交际法主张交际活动注重语言的流畅性，而不过于强调语言的准确性。因此，教学活动中对学生的语言错误一般采取宽容的态度，避免因频繁纠错妨碍学生连续的语言表达，分散学生的注意力，影响学生语言交际的流畅性和积极性。交际法主张只有在出现理解性语言错误，阻碍交际活动继续往下推进时才必须予以纠正。教师要鼓励学生积极参与日语交际活动，大胆开口说话，以培养学生的日语交际能力。

（5）以话语为教学的基本单位。交际法主张以话语为教学基本单位开展日语交际活动，反对以单词、词组或孤立的句子为教学的基本单位进行机械性操练。话语是为实现交际目的服务的，双向的语言交际过程相互影响并贯穿整个日语交际活动之中。尽管交际法也采用句子结构操练的形式，但这仅是为达到以交际为目的而提高日语能力的一种有用的手段。交际法要求尽量将这种操练置于具体的语言情境中，为交际功能和表达意义服务。

（6）交际法强调日语交际活动的真实性。交际法认为，在接近真实的语言情境中进行日语交际活动，能有效培养学生对日语的理解和表达能力。交际法反对情境不真实的语言操练。

交际法的特点是将语言的结构与功能结合起来开展日语交际教学，旨在发展学生的日语交际能力。交际法不仅要求学生具备听、说、读、写等方面的日语技能，还要求学生将这些技能灵活、适当地运用到具体的日语交际活动中去。交际法的优点主要体现在：①有利于培养学生的日语交际能力。语言既是思想的载体，也是交际的工具。交际法强调语言教学为学生的交际需要服务。日语交际能力的具体表现在于是否能够运用日语在不同的场合中对不同的对象有效、得体地完成交际任务。培养学生的日语交际能力既是日语教学的出发点，也是日语教学的目的与归宿。②教学活动以学生为中心，有利于发展学生的话语能力。在教学活动中，学生成为主要角色，教师负责选择、组织和推动交际活动的顺利开展。这样既为学生提供了更多的运用日语的机会，也提高了学生运用日语的积极性，有利于发展学生的日语话语能力。③有利于提高学生日语表达的流畅性和连贯性。由于交际法强调语言的意义和应用，学生接触和使用的不是孤立的词语或句子，而是连贯的日语表达，因此教学中首先要求的必然不是日语表达形式的正确性，而是日语表达的流畅性和意义的正确传达。④有利于综合发展学生的日语技能。交际法主张教学活动尽量贴近学生的生活实际，接近真实的日语交际情境，这样的教学形式有利于学生听、说、读、写等日语技能的综合发展。⑤有利于活跃课堂氛围，提高学生的学习兴趣。运用交际法所创造出来的融洽、自由的课堂氛围，有利于让学生从古板、枯燥、压抑的课堂中解放出来，提高学生的学习兴趣，达到寓教于乐的教学效果。

尽管交际法影响巨大，在发展学生日语交际能力方面效果突出，但是也存在一些不足，主要表现在：①对于语言教学而言，语言能力的培养不能忽视语言形式的学习。如何科学地协调日语的"功能—意念"项目与日语的语法规则、句子结构之间的关系还需要进一步研究。在以"功能—意念"项目为纲的教学活动中，语言形式的选择往往居于次要地位，这就难以避免在较早的学习阶段出现较难的日语表达形式，从而增加学生学习日语的难度。②交际法要求对学生的语言错误采取宽容态度和有条件纠错。然而，哪些错误可以宽容，哪些错误必须纠正，以及何时纠错等问题均难以确定可行的标准，需要教师在教学实践中灵活把握。

7. 日语教学的任务型教学法

任务型教学法是以意义表达为中心，以学生运用日语完成交际性任务作为教学目标开展教学活动的教学方法。

（1）任务型教学法中的"任务"至少包含以下六个基本构成要素：

第一，目标。教学活动设定的任务首先应该具有比较明确的目标，即学生通过完成任务所能获得的预期的结果。这种目标包括两个方面：①任务本身需要完成的事情，属于非语言教学目标；②通过完成任务获得的预期的语言知识和语言技能，属于语言教学目标。在评价任务的完成情况时，既要评价语言教学目标的完成情况，也要评价非语言教学目标的完成情况。

第二，内容。任务的内容就是要求学生"做什么"。任何一个任务都需明确提出学生需要完成的具体事项，其具体表现就是需要学生履行的行为和活动。

第三，程序。这里的程序是指学生在完成任务的过程中必须涉及的操作方法和步骤，基本上等同于要求学生"怎样做"。任务的程序包括某一任务在任务序列或任务群中所处的位置、操作步骤、时间分配等。

第四，输入材料。输入材料是指完成任务的过程中所使用或依据的辅助资料。在完成任务的过程中可以充分利用事先准备好的辅助资料，使任务的履行更具操作性，更容易达成教学目标。

第五，教师和学生的角色。尽管任务并非都必须明确教师和学生在完成任务过程中的角色，但是任务都会暗含或反映教师和学生的角色特点。教师既可以是任务的参与者，也可以是指导者、帮助者或监控者。当然，在设计任务时，也可以明确教师和学生的角色定位，使任务的角色更清晰，更顺利、高效地履行任务。

第六，情境。任务的情境是指任务的产生和执行的环境或背景条件，包括语言交际的语境，以及任务的组织形式等。在任务设计时，应尽量使情境接近生活实际，具有真实性，以强化学生对语言和语境之间关系的意识。

由此可见，任务的这六个构成要素基本上反映了任务的本质。任务型教学方法可以促进学生互动，提高学生交际能力，训练学生的思维和决策能力，为学生提供在真实或接近于真实的情境中进行交际和运用日语解决问题的机会，从而使日语学习摆脱单纯的语言练习，而成为有语境、有意义、有交际目的的日语实践活动。

（2）任务与语言练习的区别。任务型教学法的"任务"与传统的语言练习存在本质的区别，主要体现在以下方面：

第一，任务具有双重目标。任务不仅包含语言教学目标，还包含非语言教学目标。也就是说，任务既包含培养学生日语知识与日语技能的语言教学目标，也有培养学生运用日语完成具体事情的非语言教学目标。而传统的语言练习只包含语言教学目标。

第二，任务的结果具有非语言性。由于任务包含非语言教学目标，在完成任务后，其结果也具有非语言性。在任务型教学活动中，所设任务通常为运用口语完成某一具体事情。当任务完成后，所得到的结果都是非语言性的。而传统的语言练习，如根据假名写汉字、词语填空、造句、作文、分角色朗读等，其结果都是语言性的。

第三，任务具有开放性。任务的完成既没有确定的模式或途径，也不会得到统一、标准的结果。如何完成任务，包括日语表达、辅助工具等都是可选择、不固定、非限制性的，由承担任务的学生自主确定。

第四，任务具有交际性。任务通常设定为分组完成，因此，小组内部成员之间或小组与小组之间的合作或互动就成了不可或缺的环节。这种合作或互动的过程具有交际性。

（3）任务设计的基本原则。

第一，真实性。在任务设计中，不仅任务的输入材料应来源于生活实际，而且履行任务的情境及方法也应尽量贴近真实的生活。所谓"真实"，并不是对现实生活状态原封不动的情景再现，而是要尽量创造真实或接近于真实的语言情境，让学生尽可能多地接触和加工真实的语言信息，使学生在课堂上使用的语言和技能在实际生活中也同样适用。

第二，统一性。传统的语言练习往往脱离生活实际，语言形式与语言功能缺乏统一性，学生可能掌握了语言形式，但不能得体地运用语言形式表达意义和思想。语言形式与语言功能相统一，就是在遵循语言真实性的基础上，将语言形式与语言功能的关系明确化，让学生在任务履行中充分感受语言形式和语言功能、语言表达与语言情境的关系，提高学生对语言运用的得体性的认识和把握。

第三，连贯性。连贯性是指任务与任务之间、任务的实施步骤和程序逻辑应当前后连贯、流畅。任务型教学既不是在教学活动中穿插一两个活动，也不是堆积几个毫无关联的活动。任务型教学需要通过一组或一系列的任务来达成教学目标，而这些任务组或一个任务的若干子任务应当相互关联，具有统一教学目标指向，同时在内容上相互衔接。

第四，可操作性。在设计任务时，必须考虑任务在课堂环境中的可操作性，不宜设计环节过多、程序过于复杂的课堂任务。

第五，实用性。任务的设计不能只关注其形式，还必须考虑其实际效果。要尽可能为学生的个体活动创造条件，利用有限的时间和空间，最大限度地为学生提供互动和交流的机会，培养学生解决实际问题的能力，达到预期的教学目标。

第六，趣味性。在任务设计时，应尽量让任务富于趣味性，以便通过完成交际性任务有效地激发学生的学习动机，促使学生主动参与和自主学习。任务的趣味性除了来自任务本身，还来自多个方面，如多人参与、多向交流、多角色互动，以及任务履行中的人际交往、情感交流，解决问题或完成任务后的成就感等。

（4）任务型教学法的主要特点。

第一，以任务为依托，重视语言表达的意义和内容。任务型教学法不仅要求学生掌握日语的语言形式，还要求学生通过完成交际性任务，理解并掌握运用日语时所获得的语言的、认知的、情感的及社会文化方面的意义。凡是以任务为依托的教学活动，都侧重日语表达的意义和内容，如角色扮演、情景对话、分组讨论等活动，都通过任务的角色化，促使学生尽量用日语传达信息和表达思想。

第二，通过互动、合作的方式培养日语交际能力。在设计任务时，要求以学生的兴趣为出发点，设计贴近学生生活实际的交际性任务。通过学生与他人的交流、互动和协作，培养学生运用日语解决实际问题的能力。

第三，既重视日语知识和技能的学习与运用，也重视完成任务的过程和结果。学生在完成目标任务的过程中，不仅需要运用已学的日语知识和技能，还需要学习和掌握新的日语知识和技能，从而巩固和提高学生的日语能力。同时，学生通过完成目标任务，锻炼和提升了分析问题、解决问题的能力。因此，在评价学生目标任务完成情况时，既要关注学生完成目标任务的过程（是否合理运用已学的日语知识和技能，是否学到并尝试运用新的日语知识和技能，是否正确分析问题并最终解决问题等），也要关注目标任务的完成结果，并以任务是否成功作为评估任务完成结果的标志。

第四，师生具有各自的任务角色。任务型教学法主张以学生为中心。学生作为任务活动的执行者，在完成任务的过程中居于主体地位，具有学习的自主性，通过小组合作等方式共同完成交际性任务。教师作为任务活动的组织者、帮助者、指导者，有时也作为参与者，在完成任务的过程中居于辅助地位，帮助和监督学生顺利完成任务。

第五，利用学生已有的经验。任务型教学法倡导学生运用自己的日语知识和技能解决自己的实际问题。因此，要求学生自主、自发地投入到完成交际性任务当中去，在完成任务的过程中体验日语、感受日语，最终达到培养日语交际能力的教学目标。

（5）任务型教学法的优点与不足。

任务型教学法的优点主要表现：①完成形式多样、贴近生活实际的任务活动，有利于激发学生的学习兴趣。②在完成任务的过程中，语言知识、语言技能与语言功能的训练有机结合，有利于培养学生综合、得体的日语运用能力；③以学生为中心的任务设计，能充分发挥学生的主体性作用，促使学生积极参与日语交际活动，激发学生的想象力和创造性思维；④由于任务的活动形式多种多样，可以根据学生的性格特点编排相应的任务角色，使每个学生都能够参与其中，有利于尊重学生个体差异的同时面向全体学生组织教学；⑤内容丰富、形式多样的任务能培养学生交际、分析、决策和应变的能力，有利于学生的全面发展。

当然，任务型教学法与交际法存在类似的局限性，主要表现在两个方面：①为了遵循真实性原则，在同一功能项目的任务活动中，容易出现难易程度相差较大的日语表达形式，可能会给学生带来学习困难。②关注交际任务的过程体验和结果，忽视交际过程中的语言错误，容易影响日语表达的准确性。如果长期不予以纠正，会导致学生形成错误的日语表达习惯。

（二）日语教学方法选择与运用

教学内容与教学方法既不存在一一对应关系，也没有某种万能的教学方法。因此，要求日语教师能够在现代教学理论的指导下，熟练地把握各类教学方法的特点，综合考虑各种教学方法的优势和劣势，科学、合理地选择和运用适宜的教学方法，并能对各种教学方法进行优化组合。

1. 日语教学方法选择

在实际教学中，既可以根据需要选择某一种教学方法，也可以选择多种教学方法加以优化组合，具体选择什么样的教学方法，主要可以从以下方面综合考虑：

（1）教学目标。教学目标不同，教学方法也不一样。不同领域、不同层次的教学目标的有效达成，需要借助适当的教学方法。教师可依据具体的可操作性教学目标来选择和确定具体的教学方法。

（2）教学内容。在教学的不同阶段、不同单元乃至不同课时，教学内容与要求都有所不同。这就要求教师在选择教学方法时，应具有多样性和灵活性，尽可能根据不同的教学内容尝试选择不同的教学方法。

（3）学生特点。学生的年龄、性格、生活环境以及学生的现实需求等特点都直接影响到教师对教学方法的选择。这就要求教师能够科学、准确地把握学生特点，有针对性地选择和运用相应的教学方法。

（4）教师素养。任何一种教学方法，如果教师不具备相应的素养条件，不能充分理解和把握教学方法的实质和特点，就不可能在实际的教学活动中获得预期的教学效果。因此，教师在选择教学方法时，应当考虑自己的实际优势和不足，扬长避短，选择与自己情况相适应的教学方法。

（5）教学环境。教师在选择教学方法时，必须考虑实施教学活动的客观环境，包括时间条件、教学设备、学生状况、地理环境、社会环境等，教师应最大限度地运用和发挥教学环境的有利条件，选择与教学环境相适应的教学方法。

2. 日语教学方法运用

合理、有效地运用日语教学方法，目的是在实际教学活动中获得预期的教学效果，为此需要注意以下方面：

（1）以启发式教学思想为指导。日语教学方法种类繁多，但是无论采用何种教学方法，都应当坚持贯彻启发式的教学思想。所谓启发式，是教师从学生的实际出发，采用各种有效的形式去调动学生学习的积极性、主动性和独立性，引导学生通过自己积极的智力活动去掌握知识、发展认识能力。启发式教学是相对注入式教学而言的，它不是一种具体的教学方法，而是一种运用教学方法的指导思想。与启发式相对的注入式教学，是指教师从主观出发，把学生当作单纯接受知识的被动体，忽视学生的学习行为主体地位和学习能动作用的教学思想。启发式教学思想尊重学生的学习主体地位和能动作用，不仅有利于激发学生学习的积极性和主动性，帮助学生形成个性化的学习方法，更有利于培养学生的独立思维能力和创造能力。

（2）准确把握日语教学方法的特点。每一种教学方法都各具特点，都有其特定的功能、应用范围、实施条件以及局限性。因此，教师只有准确把握各种教学方法的应用特点，同时综合考虑自身的教学需要、学生特点等情况，才能充分发挥教学方法的优势功能，达到提高教学效果的目的。

（3）从实际出发，灵活运用。在具体的教学活动中，教师绝对不能生搬硬套、机械地运用选定的某种教学方法。教学方法种类是有限的，而教师需要面对的教学情形纷繁复杂，是无限的；既不存在某种万能的教学方法，也不可能将教学方法与各种教学情形一一对应起来。因此，教师在选定教学方法后，必须根据自身所面对的教学情形对选定的教学方法进行必要的优化，使之更加符合具体的教学需求。只有做到准确把握每一种教学方法的实质和特点，并加以灵活改造和运用，才可能充分发挥教学方法的优势功能，获得预期的教学效果。

（4）扬长避短，综合运用。由于任何一种日语教学方法都有其适用范围和局限性，为了更好地完成教学任务，实现教学目标，教师必须扬长避短、综合运用多种教学方法。首先，由于教学情形存在多样性和复杂性，不存在万能的教学方法，这就决定了教师必须博采众长，合理地综合运用多种教学方法；其次，为了充分调动学生学习的积极性和主动

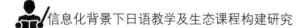

性，教师有必要综合运用多种教学方法给予学生多种刺激，不断激发学生的学习兴趣，这样学生就不容易对学习活动产生枯燥乏味、厌烦倦怠的感觉。

需要注意的是，日语教学活动本身是一个动态的过程，在实际教学活动中，教师需要根据教学过程中的动态特点随时调整教学方法或启用备选方案，只有灵活地、创造性地把握教学过程，才可能获得最佳的教学效果。

第三章　日语教学模式与教学策略

第一节　日语教学的模式及特点

一、日语教学模式的体系

日语教学模式就是在一定的教学理论或教学思想指导下，为实现特定的教学目标，经过较长时期的日语教学实践逐渐形成的关于日语教学活动过程的基本程序框架模型。它既是教学理论或教学思想的具体呈现，也是教学经验的系统概括，它既可以从长期的教学实践经验中直接概括形成，也可以先提出理论假设，然后在反复的教学实践中加以验证、完善后总结形成。日语教学模式是从教学的整体出发的，不仅是教学思想在教学活动中的具体化，更直接体现了该教学思想所主张的课程设计、教学原则、教学手段以及师生关系等内容。日语教学模式具有典型性、稳定性、程序性、简易性。同时，日语教学模式并不是固定的，而是具有发展变化、灵活性和可操作性的程序框架。

（一）日语教学模式的元素

日语教学模式一般包括五个基本元素：教学依据、教学目标、教学条件、教学程序以及教学评价。

1. 教学依据

教学依据即教学模式所依据的教学理论或教学思想。任何教学模式都是一定的教学理论或教学思想的反映。日语教学模式就是在一定的教学理论或教学思想指导下设定的日语教学活动范式。不同的教学模式，其依据的教育理论或教学思想也往往不同。例如，传授式教学模式源于德国教育学家赫尔巴特的四阶段教学法，尤其受美国心理学家斯金纳新行为主义教育流派的操作性条件作用理论的影响。其基本的操作程序是：激发学习动机—讲授新知识—操作练习—检查结果—适时复习。有意义接受学习教学模式主要依据奥苏贝尔提出的先行组织者教学理论，强调积极的有意义学习，即学生将新旧知识在头脑里发生积极的相互作用，将外部提供的材料同化进自己的认知结构。其基本的操作程序为：呈现先行组织者—逐步分化—整合贯通。探究式教学模式主要依据当代建构主义学习理论，其基本的操作程序是：创设情境—提出问题—提出假设—逻辑推理—验证假设—总结提高。

2. 教学目标

教学目标是教学活动的出发点和最终归宿，也是开展教学活动的方向和预期达成的结果。在开展教学活动时，首先需要提出明确而切实可行的教学目标，并紧紧围绕该目标实施教学行为。任何教学模式都指向和完成一定的教学目标，它是设计教学模式的操作程序的依据。在教学模式的结构中，教学目标居于核心地位，对教学模式中的其他元素起着制约作用。教学目标对教学模式的操作程序和师生组合关系起决定作用，同时也是教学评价的检验标尺。由于教学目标与教学模式具有极强的内在统一性，所以教学目标体现了教学模式的个性。

3. 教学条件

任何教学模式都设有特定的教学条件，只有满足相应的教学条件，教学模式才能发挥作用。因此，教学条件也就是指完成一定的教学目标，能使教学模式发挥效力所必需的各种条件因素。具体而言，教学条件包括对教师、学生、教学内容、教学手段、教学时间、教学环境等因素的特定要求。

4. 教学程序

任何教学模式都有其特定的逻辑步骤和操作程序，它是达成教学目标的步骤和过程。教学程序源自教学阶段的划分，并依据教学内容进行有针对性的具体设计，从而形成相对稳定的可操作的教学步骤。教学程序规定了教学活动中师生的角色和任务。在不同的教学模式中，教师与学生在教学活动中的地位、角色和作用不同，他们的组合方式和互动方式也不同。

5. 教学评价

教学评价是教学模式的重要组成元素之一，它包括衡量教学活动是否达到教学目标的评价方法和评价标准。由于不同的教学模式具有不同的教学任务和教学目标，而且其操作程序和支持条件也不同，因此不同的教学模式的评价方法和评价标准也有所不同。一种成熟的教学模式，往往规定了相应的教学评价方式。

（二）日语教学模式的功能

1. 教学模式使抽象教学理论具体化

日语教学模式是对日语教学理论的简化表达，是对日语教学理论的系统概括和具体再现。任何教学模式都是一定教学理论或教学思想的反映，它通过符号、图式、文字及关系表达等，简明扼要地反映了其理论依据的基本特征，使人们获得比抽象理论更为具体化的教学操作程序。并且，教学理论通过教学模式的具体化，为理论与实践架起一座桥梁，使人们能够更加容易理解或接受教学理论，从而使抽象的教学理论得以发挥其指导教学实践的功能。

2. 教学模式将教学实践经验理论升华

教学模式来源于实践，是在长期的教学实践活动的基础上对大量的教学实践活动进行选择、提炼、概括、加工的结果。因此，教学模式不仅是对已有教学活动的经验总结，更是为某一类型的教学活动提供的一种相对稳定的操作程序，这种操作程序有着内在的逻辑关系，是对教学实践经验的升华，对于特定类型的教学活动来说具有理论指导意义。随着对教学实践经验的概括、整理水平不断提高，教学模式也随之由低层次向高层次不断发展、完善，进而形成体系完整、指导性强的教学理论。

3. 教学模式从整体上系统把握教学活动过程

人们对教学的考察长期以来比较重视对教学的各个部分进行分析研究，而忽视对各部分之间关联性的研究。即使涉及各部分关系的探讨，也往往只是进行抽象的讨论，而缺乏对教学活动可操作性的探讨。教学模式的提出是对教学研究方法论的一种革新。教学模式从整体上综合地把握教学的全过程，不仅关注教学各要素之间的相互作用及其多样化的表现形态，还以动态的观点把握教学过程的本质和规律。此外，教学模式还促进了教学设计的改善和教学过程的优化组合。

（三）日语教学模式的内容构建

对当代国际外语教学领域影响较大的教学模式如下：

1. 传授式的教学模式

传授式教学模式由于注重教师对知识、技能的传递，学生处于被动接受地位，所以常称作"传递—接受"式教学模式。"传递—接受"式教学模式注重系统知识的传授和基本技能的培养，着眼于充分挖掘学生的记忆力、推理能力以及间接经验的作用，使学生快速有效地掌握尽可能多的信息量，该模式认为知识是由教师到学生的一种单向传递，因而非常重视教师的指导作用和教师的权威性。传授式教学在中国流行甚广、影响巨大，是传统的教学模式。时至今日，仍有不少日语教师在教学中沿用这种教学模式。

（1）传授式教学模式的理论依据与基本程序。传授式教学模式根据行为主义心理学的原理设计，尤其受斯金纳新行为主义教育流派的操作性条件作用理论的影响，强调对学习者行为的强化，即通过不断强化一系列逐渐接近目标行为的反应来塑造预期的目标行为。传授式教学模式的教学基本程序是：复习旧知识—激发学习动机—讲授新知识—操作练习—检查结果—适时复习。复习旧知识是为了强化记忆、加深理解、系统整理知识、加强知识之间的联系。激发学习动机是根据新知识创设一定情境，并设计相应的活动，以激发学生的学习兴趣。讲授新知识作为教学的核心，主要以教师讲授为主，学生跟随教师的教学节奏按部就班地完成教师布置的学习任务。操作练习让学生实际练习新学知识，培养运用新学知识解决问题的能力。检查结果是通过学生课堂回答问题、家庭作业、测试来考查学生对新知识的掌握情况。适时复习是通过课堂复习、测试等方式对所学知识复习强化，目的是强化记忆、加深理解。

（2）传授式教学模式的教学实施条件。教师需要有比较扎实的日语知识，并对日语知识的体系结构等有比较全面的了解。为了充分发挥教师的主导作用，需要根据学生的认知水平对教学内容进行加工整理，使新学知识与学生已有知识结构建立起联系。同时，还要把握学生的学习情况，对遇到困难和问题的学生及时提供帮助和指导。教学活动中需要提供相应的日语教材、教具（黑板、粉笔、白板、马克笔、挂图、模型、音像资料、音像设备等）作为辅助教学条件。

（3）传授式教学模式的优点。传授式教学模式的优点是学生在较短时间内可以获得大量信息，所学知识有较强的系统性和体系性，便于学生系统掌握日语知识。因此，不少教师为了让学生在应对偏重知识性考查的考试中获得较好成绩，在课堂教学中往往对日语语法、日语词汇等知识性内容进行大量讲解，甚至认为讲解得越详细越好，把培养学生实际运用日语完成交际的能力放在次要的位置。

2. 探究式的教学模式

探究式教学模式以解决问题为中心，注重学生的独立活动，着眼于培养学生的思维能力和情感态度。在教学过程中，要求学生在教师指导下，通过"自主、探究、合作"的方式尽可能运用日语对教学中的主要知识点进行自主学习、深入探究、合作交流，从而达到预期的目标。其中，认知目标涉及知识、概念、规则、能力的掌握，情感目标则涉及感情、态度、价值观和道德品质的培养。

（1）探究式教学模式的依据与基本程序。探究式教学模式的理论依据主要是基于瑞士儿童心理学家皮亚杰创立的"发生认识论"和美国教育心理学家布鲁纳提出的"发现学习"等教育思想，形成的当代建构主义学习理论。探究式教学强调学习过程，要求学生主动参与意义的建构和知识的获得，培养学生的探究和思维能力。探究式教学模式倡导在教师指导下以学生为中心的学习，既强调学生的认知主体作用，又不忽视教师的指导作用。

在教学过程中，学生是信息加工的主体和意义的主动建构者，而不是被动的接受者和被灌输的对象，教师是教学活动的组织者、学习活动的帮助者和促进者，而不是知识的传授者与灌输者。探究式教学紧紧围绕学生探究能力的培养，突出以学生为主体，坚持在运用中学习、在探究中提出问题与解决方案，在合作中培养情感态度。探究式教学模式的基本教学程序是：创设情境—提出问题—提出假设—逻辑推理—验证假设—总结提高。其中"提出问题"环节既可以由教师提出问题，也可在教师引导下由学生提出问题，而"提出假设—逻辑推理—验证假设"等环节，需要在教师指导下，由学生通过自主探究、协作交流等方式完成。具体程序内容如下：

第一，创建情境。教师精心设计教学程序，创设与教学主题相关的，尽可能真实的情境，使教学过程能在贴近生活实际的情境中发生。在此情境下学习，学生能够激发自身的联想思维和学习兴趣，能够有效利用已有认知结构，去同化和引出当前的新知识，从而在新旧知识之间建立起联系，并赋予新知识以某种意义。

第二，提出问题。学习对象确定后，在探究之前由教师向全班学生提出若干富有启发性、能引起学生思考并与当前学习主题密切相关的问题，以便全班学生带着这些问题去探究。当然，问题的提出也可以在教师指导下由学生来完成。教师可以引导学生通过质疑、联想、比较、批判等方法，以及学生自我设问、学生之间设问、师生之间设问等方式提出问题，培养学生提出问题的能力，促使学生主动探究。

第三，自主探究。探究式教学模式特别强调学生的自主学习和自主探究，教师需要启发、引导、鼓励学生自己去分析问题、解决问题，在学生的探究过程中教师要适时提供帮助。在整个教学过程中，学生始终处于主动探究、主动思考、主动建构意义的认知主体地位，但是，学生的这些行为又离不开教师的引导和帮助，充分体现了学生作为探究学习的主体与教师作为组织、指导主体的有机结合。

第四，协作交流。协作交流与自主探究环节紧密相连，学生只有经过积极思考、自主探究后，再与他人协作交流才能收到应有的效果。在协作交流过程中，学生通过小组协商、交流、讨论，进一步完善和深化对主题的意义建构，并通过不同观点的碰撞，加深或修正对问题的理解，了解问题的不同侧面和解决方法，从而对问题产生新的认知。教师在学生的协作交流过程中起着组织、协调、引导的作用。

第五，总结提高。教师引导学生回答问题并对学习成果进行分析、归纳，在此过程中可以联系实际，对新学知识点进行深化、迁移与提高。

（2）探究式教学模式的实施条件。探究式教学模式需要有宽松、民主的教学环境，这样才能充分调动学生的学习主动性，发挥学生的动手、动脑能力。在教学过程中，学生的学习主体地位能否得到比较充分的体现是关键，同时学生需要教师及时的引导、帮助与支持。也就是说，探究式教学模式的实施既要充分体现学生的学习主体地位，又要重视发挥教师的指导作用，二者相辅相成，离开其中的任何一方，探究式学习都不可能取得良好的效果。此外，为了便于学生开展日语学习的自主探究，教师需要向学生提供一定的日语课程资源，例如，互联网、日语图书资料、日语音像资料等。

（3）探究式教学模式的优点。探究式教学模式不仅可以较深入地达到对知识、技能的理解与掌握，更有利于发展学生的创新思维与创新能力，培养学生的民主与合作意识，培养学生的自主学习和独立探究的能力。但是，实施探究式教学通常要求班级学生人数不能太多，而且需要学生具有一定的日语能力，同时，教学需要有较好的日语课程资源和较为宽裕的教学时间。此外，考虑到学生自主探究过程中可能出现的各种情况，教师在课前需要做大量的准备工作。在重视学生自主探究的同时，要教师要在实践当中灵活把握指导的作用。

3. 抛锚式的教学模式

抛锚式教学模式又称"实例式教学模式"，这里的"锚"指问题的情境，即结合情境进行教学。抛锚式教学模式提倡教学情境的合理性和真实性，教学活动需要围绕情境设置及问题展开。确定情境及问题被比喻为"抛锚"，能使学生置身于真实的情境中，以此激发学生的学习热情，调动学生的学习主动性和积极性。问题情境一旦确定，就像船被锚固定了一样，整个教学内容和教学进程也就此确定。

（1）抛锚式教学模式的依据与基本程序。抛锚式教学模式的理论依据主要是建构主义学习理论。建构主义认为，学习者要完成所学知识的意义建构，即达到深刻理解新知识所反映事物的性质、规律以及与其他事物之间的关系等，最好是让学习者到真实环境中亲身感受和体验，而不是仅仅听取他人的间接经验介绍和讲解。抛锚式教学将学生引入一个贴近真实生活的问题情境中，通过镶嵌式教学、合作学习等方式，让学生亲身参与体验，并在教学活动中完成知识的意义建构和技能、情感态度的培养，最终达成学习目标。抛锚式教学模式的基本教学程序是：创设情境—确定问题—自主学习—协作学习—效果评价。具体教学程序内容如下：

第一，创设情境。教师需要创设与新学内容的关键知识联系紧密或者一致的贴近生活实际的故事情境或问题情境，将学生置身于此种情境中开展教学活动。例如，引导学生学习表示问候、拜访、问路、拒绝、道歉等交际用语，或者学习表示处所方向的词汇，以及存在句等语法项目时，便可以在课堂上利用实物、图片、多媒体等创造或模拟生活情境，让学生融入情境中去直接感受和体验。

第二，确定问题。在所创设的情境下，选定与当前学习主题密切相关的贴近生活实际的事件或问题作为学习的中心内容，让学生去解决问题。例如，去日本朋友家拜访、向日本人询问地址或打听某人、制作日语寻物启事等。选定的事件或问题就是错误的，这一步骤的作用就是"抛锚"。

第三，自主学习。教师不直接告诉学生应当怎样去解决问题，只是向学生提供解决问题的有关线索，重点发展学生自主学习的能力。在此过程中，教师适时进行引导或提供帮助和补充。例如，让学生根据确定的事件或问题自主推理，利用工具书、互联网等搜集、整理相关的日语词汇和表达方式，必要时可向教师请求帮助。

第四，协作学习。组织学生开展讨论、交流，通过不同观点的碰撞，使学生加深对事件或问题的理解，进而补充、修正、完善自己的解决方案。例如，让学生分组交流、讨论，相互提示、提问以获取尽量多的有效信息和解决办法，并对各种解决方案进行评估。在交流、讨论中，学生既能反复用到目标内容，又能发展自身的思维能力。

第五，效果评价。抛锚式教学的学习过程就是解决问题的过程，该过程可以直接反映学生的学习效果。因此，教师通常不需要对学生的学习效果进行专门的测验，只需在学习过程中随时观察、记录学生的表现和完成情况，并结合学生的自我评价和小组成员互评综合评定学生的学习效果。

（2）抛锚式教学模式的实施条件。抛锚式教学模式是一种启发式的教学模式，要求所创设的情境能够开启学生的思路，引发学生积极思考，通过近似的情境进行逻辑推理，并以协作学习的方式获得相对全面的解决问题的方案。因此，情境创设需要贴近学生的生活，具有真实性；问题设计需要有开放性，并且难易适中，利于激发学生积极探索。在教学过程中需要充分发挥学生的主体性，激励学生自主学习、合作学习。同时，教师作为教学活动的组织者，需要适时为学生提供指导和协助。此外，为了便于创设情境和有利于学生开展运用日语的自主学习，不仅需要教师根据教学内容准备实物、图片等，也需要学校提供一定的日语课程资源，例如，互联网、日语图书资料、日语音像资料、多媒体设备等。

（3）抛锚式教学模式的优点。抛锚式教学模式重视学生的自主学习、协作学习，不仅有利于培养学生的创新思维和独立思考、实际解决问题的能力，还能够培养学生与人沟通、合作的能力。在学习过程中，学生会面临各种问题，有时还会面对复杂的局面，这些都能够考验和锻炼学生的综合素质，促进学生对知识的整合与拓展，提高学习效果。

4. 奥苏贝尔模式

奥苏贝尔模式，也称"有意义接受学习模式"，是由美国认知心理学家奥苏贝尔提出来的。该模式一方面强调学校学习对间接知识的掌握突出讲授与接受，并且把教学建立在认知结构的同化理论基础之上。奥苏贝尔强调概括性强、清晰、牢固、具有可辨别性和可利用性的认知结构在学习过程中的作用，并把建立学生清晰、牢固的认知结构作为教学的主要任务。该模式围绕认知结构提出上位学习、下位学习、相关类属学习、并列结合学习、创造学习等学习类型，较有说服力地解释了新旧知识的组织形式和原理。由于该模式与中国传统教学活动方式相吻合，并结合了时代的研究成果，因此，在中国的教学界产生了巨大影响。《义务教育英语课程标准（2011年版）解读》在论述改变学生的学习方式和教师的教学方式时指出："根据英语课程要积极促进学生用英语做事情的课程理念，教师更加关注如何为学生提供最有利于语言学习的环境和尽量真实的语境。这促使教师关注社会的发展、学生的生活经验以及学校的教育情境，为学生在有意义的社会环境、生活环境和学校环境中学习英语创设良好的条件，同时要求教师在课堂教学中为语言学习创设有意义的语境"。

（1）奥苏贝尔模式教学的依据与基本程序。有意义接受学习模式的理论依据主要是奥苏贝尔提出的有意义学习理论。奥苏贝尔根据学习效果，可以将学习行为分为"有意义学习"与"机械学习"。根据引起能力变化的学习方式，可以将学习行为分为"接受学习"与"发现学习"。奥苏贝尔认为，学生的学习如果有价值，则应该尽可能有意义。所谓"有意义学习"，是指"把新获得的信息与记忆中已有的知识相联系，从而习得观点、概念和原理的学习"。同时，学生的学习主要通过接受而不是发现去掌握间接的知识。因此，讲授教学是主要的教学形式，教师应该给学生提供经过仔细考虑的、有组织的、有序列的、完整的和有用的学习材料。有意义学习主要有"表征学习""概念学习"和"命题学习"三类。"表征学习"指学习单个符号或一组符号表示的意义，即学习符号代表的意义。"概念学习"指学生掌握同类事物的关键特征。"命题学习"指学生将所学习的用句子，表述的命题与自身的认知结构中已有的概念建立起联系。命题学习必须建立在概念学习的基础之上。根据命题与学生已有命题之间的关系，命题学习通常分为三类：下位学习或类属学习、上位学习或总括学习、并列结合学习。奥苏贝尔模式的基本教学程序是：提出先行组织者—逐步分化—整合贯通。"先行组织者"是指在呈现新知识之前所呈现的引导性材料，该材料比新知识本身更加抽象、综合、概括，能与学生已有知识结构关联起来，起到连接新旧知识的桥梁作用。奥苏贝尔把这样的引导性材料称为"组织者"。由于这些材料是在学生正式学习新知识之前呈现的，所以又称为"先行组织者"。

奥苏贝尔把"先行组织者"分为两类：第一类，学生对新知识完全陌生，可采用陈述性的组织者。学生先行学习这样的材料后，能将材料中高度抽象概括化的观念渗入学生已有的认知结构之中，当学习新知识时，认知结构中就具备了可利用的知识或观念。第二类，学生对新知识不完全陌生，可采用比较性的组织者。学生事先学习这样的材料后，能分清新旧知识间的异同，增强新旧知识间的可辨别性，教师从而将概括性观念渗入学生已有的认知结构之中，以利于正式材料的学习。"逐步分化"是指教师根据人们认识新事物的自然顺序和认知结构的组织顺序，对新知识进行自上而下、由总到分，由一般到个别的纵向组织方式。现代认知结构理论认为，由已习得的包容性较广的总体知识中掌握分化知识，较之由已习得的包容性较小的分化知识形成总体知识更为容易。知识在头脑中呈现分层次的组织结构，包容最广的观念处于结构的顶端，并渐次容纳包容性较小的分化了的命题、概念等知识。因此，教师在呈现教学材料时，应首先介绍具有较高概括性和包容性的知识，然后再呈现概括性渐次减弱的知识。通过逐步分化的策略来呈现新知识，不仅能提高学生的学习效率，而且有利于知识的保持与迁移。"整合贯通"是指教师组织学生从横向对已有知识结构进行重新组合，加强学习材料中概念、原理、课题之间的联系，通过类推、分析、比较、综合等方式，对知识结构进行梳理，明确新旧知识之间的联系与区别，消除知识之间的矛盾，使学生能够融会贯通，形成清晰、稳定、协调的知识体系。

（2）奥苏贝尔模式教学的实施条件。有意义接受学习模式与其他学习模式一样，也需要依赖一定的教学条件，并具有独特的应用范围。除了最基本的教学条件，奥苏贝尔还提出了三个必备的前提条件，具体内容如下：

第一，学习材料本身必须按照一定的原则和逻辑进行排列组织。只有具备这种特点的学习材料，才能与学生的认知结构建立起非人为的、实质性的意义联系。如果学习材料本身是任意的，没有任何规律或逻辑，不能表征任何实在的意义，例如，无意义的音节、任意排列的假名组合等，那么这样的材料就不可能通过有意义学习来掌握，只能是机械地记忆。

第二，学生在学习前必须具备有意义学习的心向。学习者必须具备积极主动地把新知识与已有认知结构中的适当观念联系起来的倾向性。学生是否具备有意义学习的心向，决定了学生学习行为是否为有意义学习。只有通过有意义学习，使学生已有认知结构不断分化和重新组织，将新知识内化、整合进已有的认知结构中，才能获得有关新知识的明确而稳定的意义，即获得心理意义。缺乏有意义学习心向的学生，即使是有逻辑意义或潜在意义的学习材料，也不会主动地寻求新旧知识间的联系，而是机械地记忆或学习。

第三，学生的已有认知结构中必须具有能够同化新知识的适当观念。认知结构对有意义学习的影响主要取决于原有知识的可利用性、新旧知识间的可辨别性以及原有知识的稳定性和清晰性。可利用性是指学生已有的认知结构中存在可与新知识发生意义联系的适当观念，这些观念对理解新知识的意义起着固定作用，即为新知识与原有认知结构之间提供一个固定点，使新知识能固定在原有的认知结构中，进而与认知结构中的其他有关的观念联系起来。可辨别性是指新知识与原有的起固定作用的知识间的可分化程度，如果新旧知识之间差异很小，不能互相区别，那么新旧知识间就极易造成混淆，新知识就会被原有的知识取代或被简单地理解成原有知识。原有知识的稳定性和清晰性是指学生对起固定作用的原有知识的理解是否明确、稳固。如果学生对原有的知识掌握得不稳固，理解模糊不清，那么原有知识不仅不能为新知识提供有力的固定点，还会混淆新旧知识，干扰新知识的同化。

（3）奥苏贝尔模式教学的优点。有意义接受学习模式是人类的一种普遍性学习模式。该模式有利于智力技能，例如，概念、原理、规律、问题解决等表现出来的陈述性知识、程序性知识以及策略性知识的学习和掌握。另外，也有利于丰富和完善学生的知识体系，对培养学生的创造力也有明显的效果。

5. 自主学习教学模式

自主学习模式是与传统学习模式相对应的一种现代教学模式。顾名思义，自主学习是以学生为学习主体，教师作为组织者和帮助者开展教学活动，通过学生独立完成分析、探索、实践、质疑、创造等活动实现学习目标的教学模式。自主学习并不是要完全否定传统的接受式学习模式，而是强调让学生学会独立学习，通过培育学生强烈的学习动机和浓厚的学习兴趣，从而进行能动的学习，即主动且自觉自愿地学习，而不是被动地或不情愿地学习，为终身学习奠定基础。

（1）自主学习教学模式的依据与基本程序。自主学习模式的理论依据是以人本主义心理学为基础，以学生为学习和认知主体的现代教学理论。主要体现在以下三个方面：

第一，学习主体自主性发展的教育观。现代社会的发展需要具有创新精神和创新能力的人，这就要求现代教育必须培养具备自主性发展的人。不重视学生自主性发展，只重视知识的掌握，实行整齐划一的教育模式，会影响学生的创新精神、创新能力和个性发展，造成学生被动学习、参与意识不强、实践能力差等缺点。倡导在教师指导下的学生自主学习模式，就是力图实现学生的自主性发展，充分培养学生的创新精神和创新能力。

第二，以"学"为中心的现代教学理念。传统的教学理念基本上以"教"为中心，已经不适应现代信息社会的发展。在信息高度发达的现代社会中，与其教学生"学会知识"，不如教学生"学会学习"。因此，需要重视学生的学习自主性和能动性，确立以"学"为中心的现代教学观念，真正承认学生主体发展和自主发展的地位，使现代社会的教学模式更加符合信息社会对学生学习知识与技能以及学生人格发展的内在需求。

第三，强调学生实践能力的学习观。自主学习模式不仅要求学生理解和掌握书本知识，更要求教师引导学生进行经验的积累和理论化，学生不仅需要懂得"是什么"和"为什么"，更要懂得"怎么做"。自主学习模式的基本教学程序是：呈现学习策略—学习策略具体化—鼓励深入学习—组织学习训练。教师为了让学生"学会学习",首先,要向学生提供充分有效的学习策略,并让学生懂得如何使用这些策略。其次,要对如何运用这些策略解决具体问题提供清晰的说明。提供学习机会,鼓励学生超越书本深入思考和探究,放手让学生为自己的学习利用适合的学习资源,并要求依照学生自己的思考和理解重新组织学习内容,自主总结归纳,得出学习结论。最后,要组织学生进行适当的学习训练、问答式对话或讨论,引导学生不偏离学习目标,以获得预期的学习效果。

(2)自主学习教学模式的实施条件。自主学习模式就是学生自立、自为、自律地实施学习行为的教学模式。学生的自立性、自为性和自律性既是实施自主学习的三个基本前提条件,也是自主学习的基本特征。具体内容如下:

第一,自立性是自主学习的基础。学生是学习行为的主体,任何人都不能替代学生完成学习。每个学生是具有相对独立性的个体,都具有各自的心理认知系统,学习是学生对外界刺激信息进行独立分析、思考的结果。因此,每个学生都具有自己独特的学习方式,而学习对于每个学生又具有各自不同的特殊意义。学生个体本质上都有获得独立自主的欲望,这正是学生自主性发展的内在根据和动力。学习能力是人与生俱来的基本能力,每个学生都必然具有一定的独立学习的能力,能够依靠自己解决学习过程中的问题,从而获取知识。可见,自立性既是自主学习的基础,是学习主体的内在本质属性,也是每个学习者普遍具有的素质。

第二,自为性是自主学习的实质。学习自为性是学生独立学习的体现,它包含学生对新知识进行自主探索、自主选择、自主建构、自主创造的全部过程。自主探索通常基于好奇心。好奇心是产生学习需求和学习动力的源泉。自主探索就是学生基于好奇心对事物、环境、事件等的自我求知,探知的过程。自主选择是指学生自主选定外部信息,并将其纳入认知领域。只有被学生注意到的信息才能被学生选择进而被认知。一种信息能够引起学生的注意,主要是由于该信息与学生的内在需求一致。自主建构是指学生在学习过程中自己建构知识的过程。建构知识既是对新知识的建构,又是对已有知识的改造和重组。自主创造是指学生在建构知识的基础上,创造出能够指导实践并满足自己需求的实践理念模式。自主创造是一种创造性思维活动,在此过程中,学生充分调动、激活记忆信息库中的相关信息,并积极组织知识系统,创造性地获得新知识。"探索—选择—建构—创造"的过程,既是学生学习、掌握知识的一般过程,也是学生自主生成、自主实现、自主发展知识的过程。

第三,自律性是自主学习的保障。自律性是指学生对自己学习行为的自我约束或规范,在学习过程中表现为学生自觉地学习。自律性体现学生的学习责任感,促使学生不断进取、持之以恒,其外在表现是学习的主动性和积极性。主动性和积极性来自学生的学习自觉性。只有当学生自主认识到学习的目标意义，才能促使学生处于主动和积极的学习状态；只有主动、积极地学习，才能充分激发学生的学习潜能，达成学习目标，自主学习模式的教学条件是学生在学习目标、学习内容、学习方法、学习材料等方面拥有自由选择权，这种自由选择权的大小取决于人为环境和物质环境两个方面。人为环境决定学生自主学习的信任度和宽容度。这里的人为环境既包括国家、社会、家庭以及学生本人对教育的理解和期望，也包括教育思想对教育目的、教育目标的认识。物质环境决定学生可以利用的学习资源，包括能够供学生自由选择的资料、场所、设施等各种物质资源。随着科学技术的发展，为学生提供信息化学习的物质基础显得尤为重要。为了便于学生自主学习，学校和教师应尽可能为学生提供丰富的可自由选择的物质资源。

（3）自主学习教学模式的优点。自主学习模式有利于发展学生的个性，培养学生的独立能力，使学生得到全面发展。主要体现在以下方面：

第一，自主学习能够培养学生优良的学习品质。自主学习使学生真正成为学习的主人，学生自己掌握学习的整个过程，并对自己的学习行为负责，极大强化了学生学习的主动性和积极性。在学习过程中，学生逐渐形成适合自己的学习方法，养成良好的学习习惯。在自主学习的过程中，学生能够开阔思路、丰富想象，并根据自身的需求进一步明确学习目标。同时，学生能够根据自身的学习情况调整、完善自己的知识结构，思维方式和学习方式，克服困难和挫折，敢于质疑和批判，勇于进取和创新。

第二，自主学习能够培养学生的自信心。在自由的学习环境、良好的学习氛围中，通过教师的正确引导和适当点拨，学生能够独立自主地探究并独自获取知识，从而体验独自取得成功的喜悦，极大地增强其学习的自信心。在自主学习的过程中，教师尊重学生的观点和问题，课堂氛围宽松和谐、积极进取。在教师的肯定和鼓励下，学生的个性得到充分展示，自信心不断增强，进一步激发学生的学习兴趣和热情。

第三，自主学习能够培养学生的创造力。学生在自主学习的过程中，既有成功的喜悦，也会遭遇挫折甚至失败。由于是学生自觉、自主的学习活动，在教师的指导和鼓励下，学生会乐于进取、积极探索，改进思维方式和学习方法，直至取得成功。在此过程中，学生的个性得到发展，自身价值得到肯定，好奇心和求知欲被激发并获得满足。轻松的学习氛围和活跃的思维状态，有利于培养学生的创新思维，使学生迸发出无穷的创造力。

第四，自主学习能够培养学生独立发展的能力。自主学习强调学生成为学习的真正主人，学生需要自己确定学习目标，自主安排学习内容，自己确定学习方式，整个学习过程要求学生做到心中有数，并以极大的热情投入到整个学习活动之中。这与传统的教学方式极为不同，学生不再是被动的教育对象，学生也不再被动地接受教师确定的发展目标、发展目的和发展方向。在自主学习的过程中，学生的"学"处于中心位置，教师起着帮扶和引导学生完成学习的作用。学生通过自学、探索、发现获得新知识、解决新问题的同时，既了解了自身的特点，发展了自己的个性，也锻炼了独自发现问题、思考问题和解决问题的能力，培养了独立发展的能力。

6. 合作学习教学模式

合作学习是一种富有创意和实效的教学模式，因其在改善课堂内的学习氛围、普遍提高学生的学业成绩、促进学生形成良好的非智力因素等方面成效显著，而在世界范围内备受关注并被广泛采用。国内外采用合作学习的学习方式主要有：第一，问题式合作。这种合作学习方式可分为生问生答、生问师答、师问生答、抢答竞赛等形式。第二，表演式合作。通过表演的形式激发学生的学习兴趣，培养学生自主探究的学习品质，或者作为课堂的小结形式，检验学生对所学知识的理解。第三，讨论式合作。让学生就某一内容或问题进行讨论，在讨论的过程中完成自我教育。第四，论文式合作。在教师指导下，学生开展社会调查实践，并以论文的形式汇报社会调查实践的结果。第五，学科式合作。将几门学科横向联合起来，选择其中的共同主题开展合作学习。

（1）合作学习教学的依据与教学基本程序。当代合作学习模式的理论依据主要是美国社会心理学家多伊奇提出的目标结构理论和瑞士儿童心理学家皮亚杰等人提出的发展理论。目标结构理论认为：在团体中，因对个体达到目标的奖励方式不同，导致在达到目标的过程中，个体之间的相互作用方式也不同；在合作型目标结构中，团体成员拥有共同的目标，只有当所有成员都达到目标，个体自身才能达到目标；团体中有一人达不到目标，其他人也达不到自己的目标。因此，团体成员之间必须形成积极的相互促进关系，以一种既有利于自己成功又有利于同伴成功的方式活动。合作目标结构促使学生之间建立起积极的同伴关系，而这种同伴关系对学生的学习产生积极而巨大的影响。发展理论认为，在适当的任务中，儿童之间的相互作用能提高他们对关键概念的掌握和理解；学生在学习任务方面的相互作用能促使认知水平提高；学生之间可以通过讨论学习内容，解决认知冲突、阐明不充分的推理而最终达到对知识的理解。目标结构理论从学习动机的角度，强调合作目标对学生完成学习任务的诱因影响；发展理论则从学习认知的角度，关注合作学习对学生完成任务的效果影响。

当代合作学习模式的基本教学程序是：明确学习目标—确定合作组员—选择合作形式—监控合作表现—总结合作成果。在开展合作学习之前，为了让合作学习正常进行并取得预期效果，必须明确学习目标。反映学习目标的合作学习结果有多种呈现形式，例如，书面或口头汇报合作学习过程、书面或口头汇报合作学习成果、表演或展示学习成果等。确定合作伙伴包括小组人数、组员构成、角色分配等。一般来说，小组活动最为有效的人数为 4~6 人。组员过少，教师与小组互动时间太少，或者组员过多，组内讨论等花费时间多，且不容易统一意见。为了增进合作，使小组内能发生不同角度、不同观点的碰撞，应根据学生的性别、成绩、性格特点等进行适当调配，使各个层次、类型的学生都能够在合作学习中有所收获。合作学习还要求对学生在组内或跨小组活动中进行任务分工，以增强学生的责任感、提高合作效率，从而达成有效合作。在对学生进行角色分配时，应体现角色平等、职能公平，避免"行政化"的层级结构。合作学习的形式多种多样，包括同伴间的互助学习，例如，同桌伙伴间的合作学习、课余时朋友间的合作学习等；小组合作学习，如课堂上的小组讨论、小组探究、兴趣小组活动等；全班合作学习，如班级集体讨论、角色扮演活动等。

其中，小组合作学习是教学实践中采用最多的合作学习方式。在合作学习过程中，教师应对学生的合作表现进行监控。一方面，教师需要对合作学习中发现的问题、遇到的困难给予及时解决和引导，使每个小组都能够在学习中有所收获，按时完成合作学习任务。另一方面，教师需要按照教学时间安排及时控制合作学习的进程，完成教学任务，不因个别小组出现问题而影响教学的整体进程。教师还需要对学生的合作学习成果进行总结和评估。在进行总结、评估时，需要注意个人表现与小组表现相结合、学术表现与合作技能相结合。总结和评估可以看作是更大范围的合作学习，既可以是教师与学生之间共同交流学习成果的过程，也可以是小组之间合作交流学习成果的过程。根据需要，可以由各组选派代表进行总结、评估，也可以由一个小组进行整体性的总结、评估，其他小组加以补充。

（2）合作学习教学的实施条件。为实施有效的合作学习，在课堂情境中，小组目标和个人责任是影响合作学习效果的两个最主要的因素。小组目标是合作学习的内在动机，有助于形成集体合作和积极互助的精神。个人责任是达成小组目标的前提，只有每个组员都担负起责任，为小组的学习做出应有的贡献，才是真正的合作学习，才能顺利达成小组目标，同时使每个组员都掌握学习内容，达成个人的学习目标。

第一，有效合作学习必须具备五个要素：①积极的相互依赖。学生不仅要为自己的学习负责，还要为组内其他同学的学习负责。②面对面的促进互动。通过组内同学之间的面对面交流互动，相互促进学习成功。③个人责任。明确分工，责任到人，每个学生都必须担当一定的角色，承担一定的学习任务。④合作技能。在小组合作学习中，学生要有一定的组织能力、交际能力、协调能力，并做到相互尊重、平等协作。⑤小组自评。小组要定期评价共同活动的情况，保持小组活动的有效性。

第二，在开展合作学习时，教师需要注意的事项主要包括：首先，逐步培养学生的合作意识和合作学习能力。尤其在起步阶段，教师需要特别加强指导和鼓励，设定的学习目标应与学生的能力相匹配，让学生体会小组合作学习的作用，获得合作学习的成功和喜悦。教师在教学中还需要为学生创设各种机会，有意识地培养学生的合作意识与合作技能。其次，处理好自主学习与合作学习的关系。组织合作学习前应留给学生一定的独立思考、自主学习的时间。学生个人事先深入思考，有了各自的想法后，与同伴交流、探讨才会有话可说，这样才能引发深入的讨论，从而达到合作解决问题的目的。最后，引导每个学生平等参与。在学生进行小组合作的过程中，教师需发挥管理和协调作用，让每个学生都能够平等参与、各负其责，避免合作学习成为少数"权威"的表演。

（3）合作学习教学的优点。合作学习模式对于学生发展来说，主要有以下优点：

第一，能培养学生的合作精神。作为合作学习的小组共同体，要想使本组取得优异成绩，就必须注重合作，将个人融入集体当中，一切以集体利益为出发点，尽职完成所担负角色的责任。合作学习的训练与熏陶，能够提高学生的合作意识和合作能力。

第二，能培养学生的交际能力。合作学习能强化学生之间的交往，增进学生之间的感情，促进学生交际能力的提高。同时，通过合作学习，学生还学会关怀和帮助他人，发现并承认他人的优点，正视自己的缺点，听取他人的不同意见。

第三，能培养学生的创新精神。在合作学习的过程中，由于组员构成多样，学生往往会出现一些新的视角，提出预想不到的问题，碰到意料之外的困难。为解决这些问题和困难，学生需要充分发挥创新型思维，尝试各种解决方法，接近学习的目标。

第四，能培养学生的竞争意识。合作学习是组内合作，组间竞争。此过程不仅培养了学生的合作精神，同时也培养了学生的竞争意识。这对学生未来进入充满竞争的社会大环境，无疑是大有裨益的。

第五，能培养学生的平等意识。在合作学习中采用异质分组方式，同一小组的组员存在学习能力、学习兴趣、性别、性格等差异。为了完成共同的目标，每个组员既有分工，也有合作，在认真履行各自职责的同时，组员之间还要互帮互助、相互激励。这样，有利于形成平等、民主的同学关系。

第六，能激励学生主动学习。合作学习是由学生合作解决问题的学习方式，教师不再是单向的知识传授者。在合作学习的过程中，学生由旁观者变成了参与者。在合作讨论中，学生或多或少都会得到一些结论。由于这些结论是学生主动参与获得的学习成果，会给学生留下深刻的印象，从而激励学生更加积极主动地学习。

7. 发现学习教学模式

发现学习是培养学生探索、发现知识为主要目标的一种教学模式。与接受学习相反，发现学习即在教师的组织和引导下，学生通过独立学习、独立思考，自行发现知识形成的步骤，从而获取知识、掌握原理并发展探究性思维。发现学习的教学目标是培养学生的探究性思维方法，其最根本的特点是由学生自行发现学习的主要内容。在布鲁纳的影响下，发现学习的方法曾在实际教学中以各种形式得以较广泛的采用。在建构主义教学理论的影响下，以学习者为中心，以问题解决为基础的教学思想成为众多教学改革模式的基本思路，发现学习也因此得到重视。

（1）发现学习教学模式的依据与教学基本程序。发现学习的历史十分悠久，古希腊苏格拉底的"产婆术"即包含发现学习的性质。当代发现学习模式的理论依据主要是美国教育心理学家布鲁纳提出的"发现学习"的教育思想。布鲁纳吸收了德国"格式塔"心理学的理论和瑞士儿童心理学家皮亚杰发展心理学的学说，并在批判继承美国教育心理学家杜威的实用主义教育思想的基础上，经过长期的研究和实践，逐渐形成发现学习的模式和理论。发现学习模式有四个基本特征，具体内容如下：

第一，强调学习过程。发现学习强调学习过程，而不是学习的结果。布鲁纳认为，教师的作用是要形成一种学生能够独立探究的情境，而不是提供现成的知识。教学的目的不是让学生记住教师和教科书上所陈述的内容，而是要培养学生发现知识的能力，培养学生卓越的智力，让学生自己去思考，亲自参与所学知识的体系建构。布鲁纳认为，只有学生自己亲自发现的知识才是真正属于学生自己的东西。

第二，强调直觉思维。所谓"直觉思维"，就是要求学生在学习过程中不要用正常逻辑思维的方式，而是运用丰富的想象，采取跃进、越级和走捷径的方式进行思维，发展思维空间，去获取知识。布鲁纳认为，直觉思维的本质是影像或图像性的，因此教师在教学中不宜过早语言化，而应在学生的探究过程中帮助学生形成丰富的想象；运用直觉思维不一定能获得正确答案，但是能充分调动学生积极的思维活动，对学生发现知识和掌握知识大有帮助。

第三，强调内在动机。在学习过程中，发现学习有利于激励学生的好奇心，而学生容易受好奇心的驱使，促使学生对探究未知的结果表现出兴趣。布鲁纳认为，好奇心是学生内在动机的原型，外部动机必须转化为内在动机才能起作用。同时，强调教师应尽可能激发学生的学习兴趣，充分调动学生的学习积极性，这样才能取得良好的学习效果。

第四，强调信息提取。人类记忆的首要问题不是对信息的贮存，而是对信息的提取，而提取信息的关键在于如何组织信息、知道信息贮存在哪里和怎样才能提取信息。因此，按照自己兴趣和认知结构组织起来的材料是最有希望在记忆中自由出入的材料。因此，记忆的过程也是解决问题和发现知识的过程。

发现学习模式的基本教学程序是：创设问题情境—提出假说—完善及验证假说—得出结论—巩固深化。在教学过程中，教师首先需要创设问题情境，提供有助于形成概括性结论的实例并提出学生感兴趣的问题，引导学生观察特点，使学生在此情境中产生矛盾，逐步把学生的注意力集中于某个中心点，从而提出需要解决的问题。接着引导学生根据教师和教材提供的相关材料，通过分析、比较、信息转换等对问题的解答提出假说或推测。之后，引导学生深入思考、讨论，从理论和实践上检验、补充、修改和完善假说，并以事实为论据验证假说。在此过程中，教师需要引导学生分析思维过程，厘清并记住此过程中自己的思考方法，并让学生总结思考和讨论的内容，得出最终的结论，使问题得以解决。学生在此过程中就获得了新知识，同时也学到了解决问题的思考方法。最后，为了巩固和深化学生获得的新知识，还需要引导学生将新知识纳入到自己的认知结构中，并用于新的问题情境当中，形成迁移能力。

（2）发现学习教学模式实施条件。新知识的最初发现不仅需要漫长的时间，还需要发现者具有相应背景知识的积累和正确的发现方法。如果完全照搬新知识的发现过程，让学生进行再发现，必然导致教学效率较低，无法取得理想的教学效果。为此，在采用发现学习模式时，必须运用适当的教学策略以提高发现学习的效率，具体策略如下：

第一，选择适合的教学内容。任何教学模式都不是万能的，发现学习模式也有其局限性。最适合开展发现学习活动的是能够引出多种假设，并能够明确地展开逻辑分析和判断的教学内容。因此，即使是同一学科，也不是所有教学内容都适合应用发现学习模式。就日语学科而言，一般来说，在开展词语教学、语法教学时，比较容易开展发现学习活动。通过创设多种情境，让学生推测、发现、判断目标词语或语法项目的意义和用法，并尝试实际应用以验证判断和深化认知。但是，对日语中的假名发音、单词声调、词语书写，以及篇章中人物情感变化等教学内容则通常难以开展发现学习活动。此外，发现学习需要学生具有相当的知识经验和一定的思维发展水平，并不是在学生的任何发展阶段都适用。因此，在选择教学内容时，既要考虑是否适合运用发现学习的方法获得知识，也要考虑学生是否具有相应的背景知识和思维发展水平。

第二，优化教学内容，精简发现过程。对发现难度大的知识，可以通过缩小范围、增加提示等方式降低难度，使学生通过努力能够完成。不要求学生再现原先的知识发现全过程，精简原先发现过程中的岔道和可能性，从而缩短发现学习的时间，提高发现学习的效率。

第三，充分激发学生的好奇心和自信心。教师首先需要创设能引起学生兴趣的问题情境，从而激发学生的好奇心。好奇心是激发学生内在动机的源泉，能够驱使学生主动、积极地投入到发现探索活动中去。当学生在探索过程中遇到困难或感到迷茫时，教师应及时给予鼓励，让学生相信自己能够取得成功。

第四，引导学生走出困境。当学生遇到难以解决的困难，陷入困境时，教师要及时提供帮助和指导，引导学生寻找新知识与已有知识结构的联系。

第五，培养学生解决问题的能力。在教学过程中，教师需要培养学生运用已有知识进行分析、比较、推理、验证等解决问题的能力；培养学生的探究精神，使学生掌握科学发现的方法本身也是发现学习的重要教学目标。此外，发现学习与接受学习相反，二者在性质、过程、作用方面各不相同，但二者在学习实践中各有优劣。因此，可以扬长避短，综合应用两种教学模式。在实际教学中需要注意：首先，以意义学习理论为指导；其次，以接受为主，发现为辅，互相补充。接受学习对学生获得系统的科学知识来说，是经济实惠的主要途径，但不是唯一途径，还需要发现学习等其他方式作为辅助教学手段；最后，根据具体条件灵活应用。必须根据教学内容、学生心理发展特点等具体情况灵活应用发现学习和接受学习，这样才能收到预期的教学效果。

（3）发现学习教学模式的优点。发现学习模式的优点主要包括四个方面：第一，有利于智力的发展。发现的实质是对现象进行重新组织或转换，使之超越现实，从而获得新的知识。而这个过程由学生自己去完成，促使学生发挥智慧潜力，思考以最佳方式获得解决问题的办法。第二，有利于培养内在动机。通过发现学习，学生不仅能获得新知识，还能体会到发现的成功和乐趣，从而获得自我奖赏的内部动力，并将外部动机转化为内部动机，提高学习的自觉性。第三，有利于掌握发现的方法和探究的方式。学生通过解决问题的练习和发现新知识的过程，不断思考并学会发现的科学方法和探究方式。这种方式方法具有迁移价值，能够有效解决各种问题以及进行科学探索。第四，有利于记忆的保持。记忆的主要表现在提取信息，提取信息的关键在组织信息。学生亲自发现并组织到认知结构中去的信息是最易于提取的，这种再生能力强的记忆信息比较容易长期保持下去。

（四）日语教学模式的选择和运用

当前，适合日语教学的模式多种多样，而各种模式都有其特定的理论依据、教学目标、教学条件以及适用范围，既不存在普适性的日语教学模式，也不存在固定的日语教学模式。因此，如何合理地选择和运用教学模式是一个非常实际的问题。影响日语教学模式的选择和运用的问题，归纳起来主要包括三个方面：一是教师对日语教学模式的认识和把握情况；二是选择和运用日语教学模式的制约因素；三是选择和运用日语教学模式的过程。

1. 认识日语教学模式

日语教学模式是教学理论与日语教学实践的中介和桥梁，合理地选择和运用日语教学模式，不仅能够使日语教学实践获得理论的支持，还有益于促进日语教师的成长并提高日语教学的质量和效率。回顾有关教学模式的研究，比较典型的观点有计划说、结构说、程序说、理论说、教学范型说、策略说、方案说、方法说等。教学模式实质上是一种教学框架结构，它蕴含着特定的教学理论或教学思想，能促进学生主动学习、达成教学目标，它具有可供参考、有一定操作性的教学结构或活动程序，并且具有配套的基本教学策略或方法。只有对教学模式的实质、地位和价值有了正确认识，人们才会更客观地评价、使用、发展现有的、成熟的日语教学模式。

教师在选择和运用日语教学模式前，还有必要了解和把握日语教学模式的类型特点，在此基础上根据实际的教学条件针对不同的教学目标和教学内容选用与之相契合的教学模式。这样才有利于达成教学目标，获得比较满意的教学效果。根据不同的分类标准，人们对教学模式的分类情况不尽相同。

乔伊斯和韦尔根据教学模式指向的对象（指向人类自身还是指向人如何学习），将教学模式分成四类：信息加工类、社会类、个体类和行为系统类。信息加工类模式，通过获得信息和组织信息来认知问题并找到解决问题的方法，从而获得对世界的感知，发展概念和语言，例如，探究式模式、奥苏贝尔模式、发现学习模式。社会类模式，利用集体的力量构建学习型群体，在课堂上创出一种社会协作关系，例如，合作学习模式、抛锚式模式。个体类模式，从个人发展的角度创建而来，目的是促使学习者更好地认识自己，为学习者自身的教育负责，并使学习者学会超越自我，使学习者自身变得更坚强、敏锐和富于创造力，进而追求更高的生活品质，例如，自主学习模式。行为系统类模式，以社会学习理论为指导，该理论认为人具有自我运行调节系统，可以根据能成功完成任务的信息对行为进行调整，经过不断地试错，最终完成目标任务，例如，传授式模式，模拟训练模式。有学者根据教学模式的主要教学目标，将教学模式分为五类：以传授知识和认知发展为目标的教学模式、以培养学生交往与合作能力为目标的教学模式、以培养学生自主探究能力为目标的教学模式、以增进学生情感体验为目标的教学模式、以促进学生差异发展为目标的教学模式。此外，根据教学模式所依据的原理及主要教学目的，可将教学模式分为三大类：发展认知能力的教学模式，例如，探究式模式、奥苏贝尔模式、发现学习模式、抛锚式模式；发展人格的教学模式，例如，自主学习模式；发展交际能力的教学模式，例如，合作学习模式。

2. 选择运用日语教学模式的过程

在实际教学中，选择和运用日语教学模式并不是在某一堂课上完成的，而需要经过了解、选择、运用等基本环节，体现为一个过程。具体而言，大致可以分为以下阶段：

第一，"收集—了解"阶段。日语教学模式多种多样，每一种模式都有其优势、缺点和适用范围。因此，首先需要收集、整理尽量多的日语教学模式，然后了解其基本的结构和特点。如果对某种教学模式根本不了解，也就谈不上选择和运用了。收集和了解的日语教学模式越多，越有利于合理地选择和利用以提高教学效果。

第二，"分析—比较"阶段。对收集到的各种日语教学模式进行分析、比较，充分把握各种模式的结构与特点，同时综合考虑制约教学模式选择和运用的各种因素，对所掌握的日语教学模式的优点、不足及适用范围等与自身条件和要求进行对比分析。目的是判断各种模式的实施可能性和预期效果。

第三，"选择—运用"阶段。经过对比分析，在综合考虑各种制约因素的基础上选择最适合的日语教学模式在课堂上实际实施。每一种教学模式都包含相对稳定的框架结构，这就要求教师在运用选定的日语教学模式时，一方面需要尽可能忠实于原教学模式，充分发挥原模式的作用。另一方面，也必须把握教学模式的灵活性，在原模式框架结构的基础上根据教学实际情况进行适当的调整。

第四，"反思—改造"阶段。教师在课堂上实际运用选定的日语教学模式之后，应对实施情况进行反思和总结，内容主要包括教学目标的达成情况、教学步骤的贯彻情况、学生的反应、教师自身的掌控情况、教学整体效果等多个方面。如果出现与预期不符的情况，应分析其原因，并提出改进方案。教师通过反复运用、反思、改进教学模式，不仅能够提高教学效果，更可以逐渐形成自己的教学风格，最终将自己的教学风格升华为具有个性特征的日语教学模式。

需要注意的是，尽管每一种教学模式都是针对特定的教学目标而设计的，但是并不是说该教学模式就一定不能用于达成其他的教学目标。就现有的众多日语教学模式而言，既没有一种模式在实现所有教学目标时优于其他的教学模式，也没有一种模式是达成特定目标的唯一选项。日语教育或日语学习作为一个整体，包含多层次、多维度的教学目标和丰富多样的教学内容，教师有必要掌握尽可能多的日语教学模式。这一方面便于根据教学目标、教学内容等有针对性地选择和运用与之相匹配的教学模式；另一方面也便于对多种日语教学模式进行优化组合以提高教学效率。

二、日语教学模式的特点

第一，整体性特点。教学模式是教学现实与教学思想的统一，它把教学活动的教学条件、教学程序、教学评价等与特定的教学理论、教学目标结合起来，共同形成有机的整体。因此，教学模式拥有一套完整的结构和操作要求，这不仅使教学模式整体发挥效用，还体现了理论上的不可辩驳和过程上的有始有终。

第二，指向性特点。既不存在普遍适用的、万能的教学模式，也不存在最好的教学模式。评价教学模式的标准是在一定的教学条件下达成特定教学目标的有效性。在教学过程中，选择教学模式时必须注意不同教学模式的特点和性能。教师可根据教学目标、自身条件、学生特点、课程需要以及教学环境等因素合理利用、改造甚至创设教学模式，不能生搬硬套、牵强附会，否则不仅无法得到良好的教学效果，甚至可能适得其反。

第三，程序性特点。教学模式不是单纯的理论阐述，它把某种教学理论中最核心部分用简化的形式表现出来，使教学思想具体化和程序化。教学模式本身的意义是为教师提供教学行为框架，便于教师理解、把握、运用和推广，使得教师在开展课堂教学活动时有章可循，达到事半功倍的教学效果。

第四，稳定性特点。教学模式是对大量教学实践的理论概括，在一定程度上揭示了教学活动的普遍规律。一般而言，教学模式并不涉及学科内容，对教学活动起着普遍的参考作用。在此基础上发展而来的学科教学模式，则根据学科课程内容融入了学科的教学特点，对该学科的教学活动起着普遍的参考作用。无论是一般的教学模式，还是学科教学模式，都具有一定的稳定性。然而，任何教学模式所依据的教学理论或教学思想都是一定历史时期的社会产物，因此，教学模式又与一定历史时期的社会发展水平相联系，并受其教育方针和教育目的的制约。由此可见，教学模式的稳定性又是相对的。

第五，开放性特点。教学模式的开放性主要体现在两个方面：一方面，在运用教学模式时，必须考虑具体的教学条件，需要根据学科特点、教学内容、师生条件、教学环境等进行适当的调整；另一方面，随着时代的发展，教学理论、教学思想在更新，教学条件、教学目标也在发生变化，传统的教学模式可以根据新的教学理论、教学条件等，加以改造后再利用。

第二节　日语教学策略与语境构建

一、日语教学的策略

（一）日语听力教学策略

1. 一次性听解的策略

听的瞬间性特点决定听的活动中，很难做到一边接收新信息一边回顾、理解刚刚接收的信息。因此，要求听者需要具备迅速捕捉和存储信息的能力。适应听这种瞬间性、一次性言语活动的特点，可以通过下列的听力训练达到提高听解能力的教学目标：

（1）中间不停顿听解训练。用学过的语言材料进行听力训练时，要坚持让学生进行快速综合地理解所听内容，即使在听的过程中遇到听不懂的地方，也不要停顿或反复听。因为停顿或反复听违背听的真实性，一旦养成反复听的习惯，就会容易把对听的注意集中到词或语言规则上，很难关注内容逻辑，也会妨碍听的过程中全面理解语言材料能力的形成。

（2）选编好的听力训练材料。所选听的语言材料中新的语言现象尽量少一些，即使有也要能通过联想、借助上下文猜测出其含义。这类语言材料可以是熟悉的也可以是陌生的。不适合听者听力水平的语言材料对听的训练来说可以达到"练耳"的目的，但是对于听解能力的培养来说意义不大。此外，过难的语言材料会妨碍听者快速综合地理解听的内容，不利于听解能力的培养。

2. 听音会意的策略

听音会意是指准确辨音，正确理解话语含义。由于讲话者的出身地以及身份、地位不同，男女老幼的音色的不同，不同的人由于音质不同而导致的发音不同，直接影响到听话人对语音的分辨，影响听解的效果，所以需要具备分辨各种语音的能力，即能够分辨不同地区、不同性别、不同年龄层次的人的日语发音的能力。辨音能力培养主要在语音教学阶段。为提高辨音能力，需要通过各种语音的辨别训练，以克服由于发音的差别给听音带来的困难。听音的主要目的还是要会意，不仅是理解说话人直接表达的话语内容，对省略的、隐含的话语内容也要准确把握，这就需要有扎实的日语知识功底和日本文化基础。语言知识和语言文化是听音会意的基础，但是对于已经掌握的语言知识和语言文化知识，也不是马上就能听得懂、理解得准确，还是需要通过应用性训练才能达到纯熟。听音会意能力可以通过扩大听音范围、精听与泛听相结合等方式进行训练。具体技巧内容如下：

（1）扩大听音范围。在现代日语教学可以应用的设备不仅仅只有多媒体教学设施，甚至微信、电子词典也在开发学习软件和平台，可以方便学习者随时听到各种素材、体裁、音质音色的标准日语。教师在教学过程中可以随时选择合适的听音材料，给学生创造一个语言想象和视觉、听觉相结合的语言环境，以提高学生的"听"的能力。选择用于听解训练的电教材料时要注意以下方面：

第一，练习材料的科学性和技术性。日语教学用教件在科学性和技术质量方面应该达到语言地道或规范、语音语调标准和清晰，各种图像清晰、稳定。

第二，学习适合性。教件必须适合日语教学。首先，要有循序渐进的难易程度，语速恰当。其次适合日语教学目的，要考虑教件的不同使用场合，如果用于泛读则语速要慢一些，并且在适当的语言单位后停顿，以便跟读训练；如果用于课外复习，则语速可以相对快一些，不一定要有停顿。对程序性教件的内容的程序编排上要考察它是否考虑到使用者的学习活动，以课文诵读和课文提问录音带为例，要看它是否每个提问后有停顿或给出答案，是否有过渡性操练等。

第三，艺术性。各种教件，特别是提供给学生自学和课外活动的教件，最好具有艺术性。例如，录音的停顿处不是无声而是音乐声，幻灯、投影、多媒体课件的画面设计要有审美性，教学录像片的教学内容尽可能有情节、画面有审美性。

（2）精听与泛听。听是指学习者凭听觉再现听力材料所传递的信息。听写是指学习者在听后以书面形式完成检查听觉理解情况的作业或练习。听力学习也可以分为精听和泛听。两种听力学习在学习模式上基本相同，区别在于听力材料的难易度和听后应完成的作业要求。精听要求听懂全文内容，泛听只要求捕捉主要信息。语音阶段的听写训练在语音部分已经说明。在课文学习阶段的听写训练的内容可以包括听写各课的单词、句子；听答（听教师就学过的单词、句型和语法，口头提出问题，迅速写出答案）；听写课文中的一段话；听写与课文难易程度相同的录音文章；听写填空（事先做好听写材料的填空题目，练习时先放两遍录音，之后边放录音边停顿，在空格内填写录音中的关键词、句子）。

精听中常见的作业或练习形式是：日语发音相似的假名或词汇的辨音练习；正误判断练习；多项选择练习等。精听的一般步骤是：初听—复听—完成作业—阅读书面材料—校正和分析错误。步骤的具体内容如下：第一，初听。教师在布置初听训练任务时要明确指示"听"的目标，如听懂全文每个词句还是全文大意，也要说明读、播的语言单位和次数。语言单位可以是句、段或全文，次数可以是一遍、二遍、三遍。初听训练要随着听力训练的不断强化，有计划地减少次数，有计划地提高读、播的语速。初听时还要让学生初步了解所听语言材料的内容，以提高"听"的兴趣和动力。第二，复听。弥补初听的遗漏、疏忽或订正错听。语言单位通常为全文。通常只诵读或播放一遍。第三，完成作业。有的听力材料还附带对所听内容的书面问答练习，可以在初听前或复听后逐步完成作业。第四，阅读书面材料。课文听解除非是要关注语调、重音，需要在原文做标记，其他的听力训练尽量不要边看课文边听。如果所听语言材料是陌生的，则在听力训练过后一定要通过阅读书面材料来自我检查听解结果，订正听解中的错误。第五，校正和分析错误。修改完听解错误，对回答的错误原因进行分析，找出造成误听的根源，是词汇不熟悉还是语法理解错误，或者语音辨音错误等，针对听解能力不足的学生，指导其有目的地加以训练。

3. 高语速日语听解的策略

快的语速往往引起音质的变化，因而使听者不易识别各种语音及其变体，特别是相似而实际上有差异的语音，这就给听者带来理解上的困难。此外，快的语速不利于听者进行联想，使得他们不能把上下文内容联系起来，出现听解遗漏，也容易产生听解疲劳；过慢的语速语言不连接，中间有间隙，听者注意力容易分散，不能积极紧张地思维，也不利于听者的准确理解。心理语言学的实验材料表明，人在每分钟能听到的字节，快语速为400个音节，中速为250个音节，慢速为120个音节。日语属于语速较快的语言，需要学习者具备适应中等以上语速的听解能力，通常为适应每分钟270~280音节的语速的能力。在教学中可以采用如下策略指导学生：

（1）集中注意力。高语速的表达往往是转瞬即逝，稍不留神就错过了，所以要全神贯注地听。为了保证注意力集中，在听音过程中要手写、口述、脑想等多种感官并用，做到积极主动地听。

（2）经常练习。要常听正常语速的对话录音或广播、电视中节目主持人的播音、影视剧中的台词等。除了指导学生课堂听录音外，课后也要根据学生的听力水平，布置适当的听解练习或练习朗读、听说以及默读等。

（3）预习或准备。是指在听音之前了解话题以及与话题相关的词汇。有条件的听记训练，如听解熟悉的内容等可以提前预习与所听内容有关的词汇、语法等，以提高听的兴趣和效果，在体验听解满足中逐渐提高听解能力。对于陌生内容可以通过初听、复听等手段逐步达到熟悉话题的目的。

（4）对听不懂的词语或句子的处理。在解听过程中，如果遇到有词句听不懂，不能因为想着这些词句而中断听解活动。根据交际情况，或者把这些词句记录下来后继续往下听，或者忽略这些词汇或句子，通过上下文、说话人的态度、动作表情等来推测这些词汇或句子的意义。对于记录下来的内容可以听完以后再设法弄懂。在不影响理解话语主要内容的情况下，对某些不懂的词或句子可以忽略。但是，对于重要的内容，例如，话题所涉及的时间、地点、主题等，如果一次没有听懂，条件允许时可以通过提问、复听等手段加以明确，以免影响对话语主要内容的理解和记忆。

4. 听记熟识内容的策略

理解语意固然是听解的关键，但是，听熟悉的内容也是有意义的。这是练习日语思维、听解记忆以及理解高语速、长句子的日语表达的好方法，所以，在听解熟悉内容时可以针对以下方面多做指导性训练：

（1）一次性听解。集中注意力，对一个语言材料不要反复中断复听，要多做一次性听完所有内容的听解练习。

（2）联想与直接理解。静听正常语速的语言材料，体会"身临其境"的听觉表象在脑海里浮现的感觉。力求不经翻译、分析地直接理解材料内容。

（3）仿说。仿说是练习听解记忆的好方法。开始训练仿说时可能只是词汇或短句的模仿，随着练习层次的提高，仿说也要逐步达到尽量完整表述语句的目标。仿说时的声音虽然可大可小，但当条件适合时尽量要出声模仿，尽量跟上说话人的语速。

（4）重视理解语意的训练。因为是熟悉的内容，所以更能体会说话者的语气、情感表达，因此，不要因为已经了解语意就忽视听语意的训练，而只听一个个片段的词汇或语句。要始终把对语意的理解放在听解训练的首位，从而养成边听边解的日语思维习惯。

5. 听记不熟识内容的策略

利用陌生的语言材料进行听解练习时，往往因为难以达到一次听解，所以学生不容易获得学习成就感，所以需要鼓励学习者有克服困难、挑战自我的勇气和决心。学生在听记陌生的语言材料时，通常会因为词语或句法的陌生而导致听的中断，所以，对连续听解能力的培养就至为重要。具体策略内容如下：

（1）笔录或速记训练。对于听到的内容能快速地边听边记录，抓住所听内容的中心词、关键词，这有助于帮助学生记忆和理解所听内容。特别是对于话题所涉及的"五个W"（What，Why，Who，Where，When）即时间、地点、人物、事件、经过等要着重记录，如果涉及数据，特殊名词等也要记录下来。记录不要求细致工整，只要自己能看懂，起到提示作用就可以。但是，记录要按照一定的顺序书写，以免弄错条件关系和因果关系。每一个话题结束后，划一条线，将其与下一个话题分割开。条件允许可以用另一页记录下一个话题。以免混淆。笔录时可以用假名也可以用当用汉字，最好不要翻译成汉语，以省去思维变换的麻烦。

（2）预测下文训练。通过中途停放录音，根据说话人的语气、立场，推测说话人可能出现的结论、观点、态度以及可能的语言表达形式等，对于谈话的发展趋势进行预测。预测行为是听解过程中的潜意识行为，不可过于强调也不可忽视，将预测始终置于随机调整的水平为最佳，发现话题或谈话内容与自我预测有悖时要及时调整思路，跟上说话人的思维。

（3）连续思维。听解能力尤其要求听话人的反应敏捷、思维转换迅速、注意高度集中，此外也要保持思维的连续性。使大脑在听一个话语内容的过程中始终处于兴奋状态，可以联想、分析、推理，不要翻译，尽量按照语言的原本形式来理解话语内容。

6. 长时间听解能力的策略

心理学实验表明，对于初学外语的学习者来说，一次的听解容量若超过10分钟就容易产生疲劳或遗忘。因此，教学中需要通过有效的训练，让学习者逐步掌握长时间听解的能力。听解时间应遵循从短到长的原则，一般说来听力训练应当从3~5分钟的简短讲话或对白开始，逐渐增加到30~50分钟，直到能听懂正常长度的报告和讲演。具体策略内容如下：

（1）听解材料的选择。选取听解语言材料的长度和难度要适合学生的日语水平。要由浅入深，逐步提高难度，不要急于求成，还要注意语言材料的趣味性、故事性，尽量做到一段听解一个主题。

（2）逐步延长训练时间。最初的训练时间虽然一次是3~5分钟，但是，在这以后通过复述、提问来练习所听内容，等于休息了5~10分钟，然后继续听3~5分钟。这样反复训练，逐步延长听解训练时间长度。

7. 提取谈话主题中心的策略

如果听者不善于对所听内容进行综合和概括，往往会不分主次，过分注意细节，例如，个别词或句型等，结果很难抓住谈话的主题或中心。因此，听的过程中的综合与概括能力也是听的能力要素之一。提取谈话主题或中心的听解训练主要通过泛听来完成。具体策略内容如下：

（1）提问回答。通过选择式、判断式、讨论等形式的提问练习题目，检查对文章或语段的中心或主题的理解。例如，对听解内容提问等。

（2）转述或译述话语内容。转述或译述话语内容是检验听解率的好方法。转述或译述得越完整，说明听解的水平越高。在转述训练时也许会经历三个过程：不遵循原文—遵循原文—不遵循原文。第一，不遵循原文表达方式是因为听得不完整，无法完全按照原文的表达方式转述。在这一阶段只要能够抓住话题中心，不违背原文即可。第二，遵循原文阶段是因为听解达到一个较高的水平，已经能够完整转述原文。第三，不遵循原文转述主要是听话人在转述时通过归纳分析，对原文内容进行了加工处理，用自己的语言逻辑重新组织了听解的内容，是听解转述的高级形式，也是会话训练的主要手段。具体策略内容如下：

首先，给所听内容拟标题。标题是对话语内容的高度概括，为所听内容拟题，是检验自己听解准确度的最为快捷的方法。其次，对听过的内容进行评论。用外语思维时能力降低的问题是不可回避的。可能学生在一次听解或多次听解中还是不能准确把握话题中心或宗旨，那么可以借助就话题内容的讨论或评价来验证学生听解的准确性，同时这也是口语训练的好方法。听解水平的高低很大程度上还取决于听者头脑中是否有足够的语言信息量。这种语言的信息量除了包括词汇、语法、句型等语言方面的信息外，听解内容越难懂，越需要对语言的社会、经济文化、地理、风土人情等文化常识有丰富的了解。因此听的能力培养不是孤立的，单纯依靠反复听只会耽误许多宝贵的教学时间，必须结合语言结构的学习、语言文化的学习以及其他言语技能的学习成果，采取适当的教学策略，才能收到事半功倍的效果。

（二）日语会话教学策略

提高日语的口语表达能力首先要以丰富和熟练的语言知识为基础，并辅助以交际中能起辅助作用的非语言手段，表达思想，达到交际目的。会话虽然是活用语言，但是活用的前提是具备语言的熟练，即达到不加思考脱口而出的程度。此外，在表达过程中，人们还可以通过非语言手段来传递自己的思想、意图。通常语言表达手段越丰富，能表达的思想内容就越多。在外语教学中对会话能力的培养主要是针对语言交际研究教学策略，针对非语言能力的培养则没有过多涉及。同时，不同民族文化浸润下的民族语言，在肢体语言方面的表达方式也是具有民族性的，通过非语言手段交际也应该是日语会话能力培养的目标之一。其次，提高会话能力还要重视日语思维习惯的形成和训练。日语思维习惯主要是在复用式言语学习中培养。对于基础阶段的日语学习者而言，"说"的过程通常是翻译的过程，因此在初级阶段的日语教学中，通过翻译培养日语会话能力是可以容许的，也有一定的优点，可以省去构思话语内容的时间，把精力集中到用日语表达上。但是，对培养会话能力来说，翻译参与会话能力训练的缺点是妨碍日语思维的形成，而思维能力是外语能力的主要因素，由于会话具备"快速表达思想"的特点，通过会话练习培养日语思维能力也是会话能力培养目标之一。

1. 日语思维能力训练的策略

日语思维简单地说就是用日语思考。思维的形式包括概念、判断、推理等，思维的过程有比较、分析、综合等。将思维的内容用语言表达出来有两种形式：其一是口语表达——会话；其二是笔语表达——写作。如果不能够形成用日语思维的习惯，在表达时过分依赖翻译的作用——用母语思维，再翻译成日语，这就会直接影响到语言交流的速度和表达方式的准确性。因此，思维能力是关系到是否能够迅速表达说话人思想的一个关键。思维能力训练主要采用两种方法：其一是对译起步、熟练为本；其二是从词汇表达到短句、整句表达。日语教学关于学生思维能力的培养从初级教学阶段就应该有计划地训练。初级阶段学习者所掌握的词汇、语法以及语言表达方式等语言材料数量有限，学习者难以形成完全的日语思维，通常还是以翻译的形式训练用日语表达的技能。例如，想到"初次见面，请多关照"这句汉语，然后在大脑中再译出日语单词，最后用声音发出读音。随着说话人对这句日语的熟练程度的加深，遇到相同场合时，可能不加思考地就说出了这句话。但是，这只是口语练习中的机械性练习，是语言熟练程度的反映，是思维训练的基础阶段，并没有达到用日语思维的程度。从词汇表达到短句、整句表达是一个循序渐进的提高过程，从基础阶段就要指导学生养成随时用日语表达的思维意识，见到某物做某事，有意识提示自己用日语表达，独立思考问题时，也可以有意识地用日语词汇去代替母语词汇或短句，为语段思维能力的形成奠定基础。日语思维能力训练可以采用很多方式，在会话练习中训练日语思维能力，可以采用背说、看图说话、仿说、复述和转述、讨论和评论、口头作文等策略。阅读、写作的训练也对日语思维能力的形成有促进作用。具体策略内容如下：

（1）背说训练。将背诵下来的文章再进行背说练习，对日语思维的训练来说很有意义。因为，背诵时，学习者的记忆表象或多或少地还停留在，例如，教科书中本段文字的位置、文字的形状等方面，到了背说阶段，说话人的注意就将会完全集中到要表述的内容的逻辑关系上。背说需要注意的点有：一是，背说不仅是背诵的高度熟练，还是说话者用自我语言表达原作思想的过程，因此，注意体会文章原作者的感受、感情；二是，背诵与背说都要求说话人要重视文章所表达的中心思想、主要观点；三是，背说时要尽量保持语句的连贯性，不做不必要的中顿；四是，背说时要防止"先用汉语想语意，再用日语想表达"的思维方式，要直接用原文的语句来思考和表达，当回忆不起来时，可以参考提纲、关键词、图示等。若还是不能回忆起来，可以翻看原文。

（2）看图说话训练。因为表达的困难一个是语言材料；另一个就是构思，没有内容的表达是难以训练思维的。所以，通过看图说话来练习日语思维是一个好方法。首先，训练要做事先准备。初级阶段的看图说话，由于学习者的语言材料较为匮乏，可以事先查找一些相关的词汇。例如，介绍教室，就要准备"教师、学生、书桌、椅子、黑板、门、窗、地图、粉笔、电灯、墙壁"等物体名词，还需要准备"左右、上下、前后、旁边、邻近"等位置名词，最后还要准备表示有无、存在、与否的句型。其次，要进行反复练习。对于一个图画的表述，每一次可能在语言顺序、中心语、表达的重点上都有差异。可能第一次会话是以黑板为中心位置表达，门、窗、地图等，都在黑板的左边或右边。第二次可以桌椅为中心位置。第三次就是以教师或学生为中心位置，这样，每次相同或不同的表达训练，既提高了对词汇与语法的熟练程度，又利于用日语思维习惯的形成。

（3）仿说训练。边看日语录像或边听日语录音，边仿说。有利于提高说话人语言听解能力、记忆能力和日语思维能力。具体策略内容如下：

第一，跟上思路重于跟上发音。在仿说时说话人不仅需要重复音节，更重要的是要跟上录音或录像中说话人的思路。语言从听到说的传递过程与思维到会话的过程相比，有传递速度上的差异。可能个别词句的仿说不完整，只要不影响到仿说者跟上说话者的思路，仿说就可以持续下去，可以认为是有效的仿说。

第二，逐渐提高仿说的完整度。仿说是在"听"的基础上的"说"，因此与听的能力密切相关。只有不断提高听的能力，仿说的水平才会不断提高。开始训练仿说时可以采取边看文章边听、边仿说的方式练习，以后逐步过渡到参考提纲、参考提示词、只听音仿说。通过训练，仿说的完整性会逐步提高。

第三，仿说要模仿示范读的态度、表情等。仿说训练的另一个作用是在跟随说话人思路的同时，能训练日语语感。通过对录音或录像中说话人的语气、语音、语调的模仿，甚至于通过录像画面观察、体会说话人的态度、表情以及肢体语言，来感受日语语言中的省略、寓意等，从而形成对日语的感性认识，达到训练语感的目的。

（4）复述或转述训练。复述或转述通常是指对已经读过或学习过的文章，按照提纲、问题、关键词、人称、人物关系等进行口语复述。因为对于要表述的内容从逻辑到语言点说话人已经作好准备，只是再用日语表达出来，这样的练习，学习者通常会考虑到用日语如何组织语言或表达方式等，注意就会从翻译过渡到直接用日语思考，因此，复述也是训练日语思维的一个好方法。

（5）讨论或评论训练。如果将仿说、背说、背诵练习看成是培养学生熟练运用语言材料的训练，则换说、对话、转述、评论则是更进一步灵活运用语言材料的训练。讨论或评论训练可以以小组为单位练习，也可以独自练习。考虑到学生的学习自制力强弱有差别，建议采取教师指导下的小组练习形式。讨论或评论的前提是事先拟订题目，选择相关词汇，不规定讨论者要思考的内容。通过用日语讨论来促进讨论者当场对别人的发言、对文章的感受等进行思考和表述，缩短思考时间，从而逐渐排除母语的干扰，完全进入日语的思维方式。

（6）口头作文训练。说话人用自己的话表达自己所熟悉的事物，这是思维能力训练的一个好方法。这是教师通常在学校所作一类训练策略。具体策略内容如下：第一，事前准备。口头作文不是背诵，不要事先写好发言稿，背诵下来再发表，这不利于思维训练。可以事先写好提纲，对与自己要表达的内容有关的词汇，也可以事先整理出来，以备不时之需。第二，时间控制。开始时口头作文的时间可以短一些，控制在 3~5 分钟即可，随着教学的深入，时长以后可以逐渐加长。第三，教师帮助。开始时可以借助教师在表达方式上的提示或帮助，随着教学的深入，教师以后可以逐渐减少帮助。

2. 提高言语熟练训练的策略

言语熟练不仅要训练口腔等发音器官的肌肉运动熟练程度，还要提高语言知识的应用熟练程度。提高言语熟练程度可以通过朗诵、背诵、问答训练来实现。具体策略内容如下：

（1）朗诵训练。朗诵是外语学习必不可少的练习方式。但是许多学习者没有掌握朗读的要领，导致事倍功半。有效的朗诵不仅能训练发音器官的肌肉运动，提高语言熟练，还对日语思维训练。例如，预测下文、揣摩文中语气等有帮助。朗读训练要注意三方面的内容：①要认真听音后朗读。朗读练习要在认真听读音示范后进行，不能盲目进行。在听音时，要对文中的重音、断句、语调等把握不准确的读音部分做适当标记，以便朗读时参考；②要高声地朗读。成年人习惯于默读，默读可以是视读也可以是小声朗读。会话是以自己与对方都能听到的声音表达，大声朗读可以通过对自我声音的熟悉，提高开口说话自信，还可以在朗读过程中，通过对自我听觉的刺激达到增强记忆的效果；③要有感情地朗读。高声朗读也分许多个阶段。练习读一篇文章时，最开始以重视语音语调、语流语速为重点，然后逐渐过渡到一边读一边理解文章意义，养成一边读一边思考的习惯。朗诵练习的目标不仅是语调正确、断句得当、流畅通顺地诵读文章，还要通过朗读，体会文章的感情，做到有感情地朗读。感情投入地朗读需要一边读一边思考或体会文章的内容，随着朗读速度的提高，日语思维的敏捷性也得到训练。

（2）背诵训练。背诵是外语学习中最常见的学习方法，背诵的优点不仅在于可以训练朗读技巧，还可以使学习者牢固地记忆语言材料。通过背诵可以培养学生熟练地运用语言的技能。因为，背诵语句，例如，寒暄语、日常会话、背诵课文等。由于文章本身存在着逻辑关系，所以，通常采用理解记忆比较有效。在理解记忆过程中，背诵已经与思维训练发生联系，因此，背诵本身对日语思维的形成也具有促进作用。选择有价值的背诵材料。从发展口语会话能力的角度看，背诵的语言材料最好是现代规范的日语，而且在口语中属于通用的语言。背诵材料的题材和体裁要广泛。但有些如日记、普通会话体的课文则不必按语句顺序背诵，只要能够模仿套用即可。背诵训练要注意以下内容：①理解基础上的背诵。不理解的内容难以背诵，即使硬记下来也会很快就遗忘。理解性背诵是指：在背诵之前就明白所背诵语言材料的内容和语言结构，并且掌握包括朗读技术在内的背诵的方法，还要在背诵时要边背边想背诵提纲、关键词等，否则就会变成死记硬背。②背诵后检查。检查的内容包括语音、语调。语调正确是对文章内容，作者要表达的思想感情理解与否的一个重要标志，一定要重点检查。还可以通过自我提问或教师提问的方式进行问答检查。③背诵后的进一步活用练习。背诵不是会话，只是提高会话能力的一个手段，因此，背诵必须和活用式会话练习结合起来，作用才更显著。这些活用式练习不是机械地重复文章中的原话，更重要的是灵活运用已经熟练的词汇或语句。

（3）问答训练。问答也是发展口语能力的一个基本练习形式，是一种言语练习。这种练习的优点在于能全面训练听说读写的能力。参加口头问答练习时，因为有主动提问和主动回答的行为，所以，既要理解又要表达。在这种综合的交替练习中，可以训练说话人快速反应，流利、准确地表达等能力。在日语课堂教学中，问答可以包括课文内容问答、情景问答、按图画问答，还包括句子成分问答、概括性问答、选择性问答、疑问词问答、肯定或否定问答等。无论采用什么方式的问答，都必须遵循由易到难，由简单到复杂的原则。问答训练要注意以下内容：①提问和回答都要语言清晰，语法正确，努力做到语调标准、优美；②语言的逻辑性要强，避免思路混乱带来的交际困难；③要掌握必要的提问技巧，学会表达自己思想的基本方法；④提高口头提问或回答的机会或次数；⑤经常开展小组协作式问答或者学生自拟题目、自问自答的虚拟问答训练。

（三）日语阅读教学策略

1. 四环节阅读的策略

四环节阅读策略就是通过由点到面的综合概括，逐步缩小记忆范围，利用较短的时间掌握全部阅读内容的阅读方法。它比较适合学习新的知识，特别是适合需要记忆的学习材料的阅读。四环节阅读策略包括精读材料、编写提纲、尝试背诵和有效强化四个步骤。具体策略内容如下：

（1）精读材料。精读材料就是对所要学习的内容，抓中心，细心阅读，根据材料的不同类型、不同分量，掌握其要点、重点和难点，理解知识间的必然联系，在大脑内形成一个知识的网络。精读材料需要注意：一是，重视日语中的接续词、指示代词的应用，以准确把握日语句与句、语段与语段、上下文之间的关系；二是，对陌生词汇、语法现象等要通过查找资料弄清楚，以免误解语义；三是，对学生不熟悉领域的文章，事先布置阅读相关的母语资料，以帮助阅读理解有利的实现；四是，应用画线策略、提取中心词策略等，找出文章中的核心词、语句，从而在把握文章的中心意义的前提下通篇阅读。

（2）编写提纲。编写提纲即在理解所学内容的基础上细致地进行筛选、概括、总结、组织，然后根据材料的性质，用自己的语言，简明扼要地编写提纲，例如，每篇划分为多个部分，每个部分划分为多个段落、每一段概括为一句话等，从而使文章核心清晰直观地展现出来。编写提纲是提高阅读者智力活动的积极有效的方法。层次分明、逻辑性强的提纲便于记忆和保持，有利于再现材料的"意义依据"。在对日语文章进行编写提纲时，可以采用"六个 W"提问策略，即 WHEN（何时）、WHERE（何地）、WHAT（什么）、WHO（谁）、WHY（为什么）、HOW（如何），同时注意：①找出各种有关时间的数字信息；②明确所读材料的主要内容，选择某个疑问的正确回答；③明确作者想要说明的问题，概括主人公从事某种活动的主要理由；④了解作者的态度并确定自己是否同意作者的观点；⑤对某事件作出归纳和解释。日语文章中材料的标题，或者每段的第一句和最后一句很重要。有归结词的，它们是对本段落内容的总结和说明，关注这部分内容，有助于抓住文章大意。阅读中编写提纲的技巧与写作时编写提纲的技巧有异曲同工之处，可以互为借鉴。

（3）尝试背诵。尝试背诵就是对所写的提纲，按照顺序一遍一遍试着回忆，遇到不会和不清楚的地方再翻书本对照，进行反馈，然后针对薄弱环节进行二次反馈，这一过程是对阅读材料进行内化的过程。阅读理解阶段的背诵不同于全文记忆，关键是要抓住文章的脉络、主题。这有利于对全篇文章的理解。特别是阅读长篇小说或科普文章时，对提纲的记忆，能够让读者长时间地保存对文章的记忆。

（4）有效强化。有效强化就是用最短的语言，抓住概念的内涵、实质和阅读材料的核心内容，再对提纲进行压缩，使之成为简纲，即把每一句压缩为关键的几个字。然后针对简纲进行强化回忆，使其在脑海中留下长久的印象。

2. 提升阅读速度策略

人们在阅读速度上存在着很大的差异，特别是外语的阅读速度，直接受读者对所读语言材料在语言学、文章内容等方面熟练程度的制约，快慢之分显著。但是需要明确的是，阅读的根本目的是理解，阅读速度应该是理解的速度，理解是最重要的，一味加快速度而不理解是没有意义的。提高阅读速度就是提高理解速度。因此，提高阅读速度首先要找出阅读速度慢的原因。通常造成阅读速度慢的原因有：①阅读时不专心，例如，阅读的同时听他人讲话或听广播、音乐等；②掌握的日语词汇量不够；③不会根据不同的材料和自己的阅读目的来调整阅读速度；④已经养成慢吞吞阅读的习惯，思维不能很好地紧张起来、活跃起来；⑤阅读时总是不知不觉地读出声音来；⑥在提高自己阅读速度的训练中过分依赖加快眼球运动，以达到提速的目的。阅读习惯等导致的影响阅读速度的问题，必须采取相应的措施加以克服。具体策略内容如下：

（1）要进行定时训练。有必要每天都安排一定时间来阅读。至少要持续进行三四个星期，每天阅读20~30分钟，最好找一段不被干扰的时间。

（2）要培养视读习惯。因为在阅读的过程中，默读的速度高于低诵和诵读。所以，要提高阅读速度，必须养成默读的习惯，使视觉与听觉、动觉联系、感知与识别、迅速推测协同作用，以提高阅读速度。通常外语教学提倡高声诵读，以提高声音对大脑皮层的刺激作用。这与默读似乎是矛盾的，但是经过训练，诵读与默读的能力都能具备。

（3）要进行视幅训练。初学外语者一般视幅不宽，阅读时视线往往逐词停留。而心理学实验表明，一般人的视幅达4~6厘米，即覆盖2厘米左右的假名或汉字，阅读4~6个单词。因此，一般人的阅读速度每分钟为250~300个词。但是初学者的阅读速度每分钟只有50~60个词，因此，通过扩大视幅来提高阅读速度，这对日语学习很有帮助。

（4）要扩大阅读单位。初学者往往逐词阅读，逐词理解，从捕捉信息的角度来说浪费很多时间。因为并非每个词都传递信息，也并非每个词都单独传递信息，所以为了提高阅读速度，必须逐步扩大阅读单位，从词的单位逐步扩大到以语义、意群、句子为单位。

（5）要抓住关键词句。缺乏阅读技巧的阅读者，容易在每个阅读单位上平均使用注意力，平均使用时间。而事实上每个阅读单位的信息负荷量并不相等，交际作用并不相同。以词汇来说，有的词汇只是一种结构符号，而有的词汇信息复合量大，是句意最集中的地方，是全句的关键词。以意群来说，日语的谓语放在句子的末尾，其交际作用大于主语，因为，主语传递已知信息，谓语传递未知信息。以句、段来说，交际作用也有差别。因此，把注意力集中在关键词句，或者说信息负荷量集中、交际作用大的词句上，能明显提高阅读速度。

（6）要提高预测能力。日语语言是含蓄的，通常不使用直接的肯定或否定的表达方式。因此在语言的构成上，大量的副词暗含着谓语要表达的肯定或否定、推测、断定、意志等语气。通过副词推测语句谓语是提高阅读速度的一个手段。此外，通过对人物身份、故事情节、事件经过等的了解和认识，利用自我对日本社会、文化等方面的知识和经验，对所读文章的大概结论或事件发展趋势进行推测，一方面能够克服个别陌生词汇的障碍；另一方面能够加强对文章中心的注意程度，是提高阅读速度的一个好方法。

（7）要学会选择阅读材料。最初选择的阅读材料应该是简短的、容易读的各种题材和体裁的小文章，熟悉以后逐步增加所阅读语言材料的难度和长度。同时，还要注意所选的语言材料要适合学生现阶段的日语程度，最初阶段生词或不懂的语法现象以不超过3%为宜。

（8）要进行时间管理。在理解的基础上尽可能快速通读每一篇文章，准确记下自己通读每篇文章所需的时间，预估每一篇文章的大概字数，按字数算出自己平均每分钟的阅读速度。必要的话，可自己准备一个图表，记录阅读速度的进步情况。通常两星期后，学习者的阅读速度就会增长，并且稳定在一个较高的水平。

（9）要把握阅读标准。要以准确理解为目标，不能只追求速度上的快速。还要注意克服习惯性"回读"（即一句话或一段话反复读）和"边读边翻译"的习惯。尽量要用日语的思维方式领会理解文章所表达的内容。

3. 阅读理解力提高策略

分析性阅读与综合性阅读都需要充分理解语言材料。影响综合性阅读能力形成因素有很多，例如，读者的智力水平、生理条件、兴趣和性格、社会经济文化背景、日语语言的基础等。阅读过程中，读者的主观努力固然是决定阅读效果的主要因素，但是，通过有效的阅读训练，可以挖掘潜力，有步骤、有程序地培养适合自己的阅读习惯，以提高阅读能力。具体策略内容如下：

（1）精选阅读材料。精选阅读材料是指对学习者来说，可以供综合性阅读使用的材料，应该是比较容易理解和接受的，否则就需要经过翻译语句来理解文章意义，失去训练日语思维的机会。如果阅读材料中生词过多，难免不停地查字典，并且，如果句子结构过分复杂，每句都要反复推敲，也会使读者失去阅读的兴趣。因此，综合性阅读的材料要以熟悉的词汇和语法结构为基础，即使是有少量的生词也应该是可以推测其意义的。

（2）阅读准备。读一本书要从序、目录读起。许多学习者阅读是不分章节或顺序的，只看每一章的内容，导致对书或文章的理解是知识的碎片，没有形成知识结构或框架。一本书或一篇文章的序言是作者就写作特点、写作背景、写作目的等的归纳，如果是他人作序，还包括他人对本作品的认知和评价，这都是学习者有效理解文章的有价值的参考内容。目录是作品的框架结构，尤其是科学性、理论性强的作品，学习者可以通过阅读目录来掌握作品的理论框架，使以后的阅读就不再是读一个知识的碎片，从而建立起框架清晰、内容丰满的知识体系。阅读准备还包括对所阅读作品的历史背景、作家、作品分析等内容的资料查找和阅读。这会为学习者有效理解作品提供帮助。

（3）提高阅读兴趣。学习者对所阅读的材料感兴趣是提高阅读理解水平的钥匙。通过选择阅读材料、明确阅读目的和任务、规定阅读时间等各种阅读学习的监控，达到乐于阅读，从被动读到主动读，提高阅读的积极性。

（4）多种形式的阅读。阅读过程中通常以默读为主。默读是理解语言材料的最有效的方法，其成效超过朗读。但是默读时间的长短要有效监控，时间过长，有些学生的自制力不够，就会在阅读过程中停顿或注意力分散。因此，可以通过预先设问、读后回答或发表阅读感受、小组讨论等方式，将阅读目标具体化，设计一个明确的阅读目的。或者将一篇较长的文章分成几个部分，大部分要求默读，小部分要求诵读，通过阅读形式的变化提高阅读兴趣。

（5）工具书的应用。工具书的使用要依据阅读的目的和阅读内容来确定。通常在精读作品时多用工具书，泛读时较少使用。如果泛读中出现了与文章宗旨和主题密切相关的生词或语法项目，再查找工具书。反之，对于可以通过文章的脉络猜测得出大概意义的词汇就不必逐一查找，以免影响对文章的整体理解和日语思维的训练。通常工具书是指辞典。当日语学习到一定程度，就要开始有计划地学习使用日语原文工具书，这一方面可以使学习者提高日语词汇的使用频率，提高阅读理解能力；另一方面也有助于学习者准确理解日语词汇概念。工具书的选择也要有一个由浅入深逐渐过渡的过程。随着语言学习程度的提高，可以选用《新明解国语辞典》《广辞苑》等原版工具书。在使用原版工具书时，对于日语注释部分出现的生词等可以参考汉日对译辞典的注释理解。目前面向日语学习者的电子辞书更新换代比较快，卡西欧等专业电子辞书中不仅包含日语、汉语、英语词典内容，甚至还包括日语能力1级、2级考试辅导练习题，词典配置标准日语读音，功能近乎于一个学习机。由于电子词典体积小、容量大、功能齐备，学习者使用时操作便捷，教学指导上一方面鼓励学生充分利用，以帮助学习；另一方面还要避免过度依赖电子词典，以免语言积累中的主动记忆意愿降低，记忆效果受影响。

（6）教师激励和学生自我激励。阅读是个有趣的活动，但是带学习任务的阅读有时会给学生带来压力，使其感觉阅读困难，甚至失去阅读兴趣和信心。此时，教师对阅读任务的有意义设计、教师给予学生的鼓励和表扬、学生的自我肯定，都可以增进学习的自信，从而激发继续努力战胜困难的勇气。

（四）日语写作教学策略

1. 语言规则运用能力提高的策略

写作能力的提高需要通过训练逐步达成。具体训练策略内容如下：

（1）分阶段、有步骤训练。写作能力的培养不只是高级日语学习阶段的教学任务，它应该与听、说、读等言语技能一样，贯穿于日语学习的始终。初级阶段的写作可能只是短句或短文的编写，是灵活运用新的语法或词汇等语言知识的训练，也是复习、巩固式的练习。随着日语知识学习的程度不断提高，对写作能力的要求也不断提高，一个话语内容可以采用多种表达方式来表达，例如，语体变换、词汇变换、人物角色变换等。通过有计划有目标的训练，一定能达到提高语言表达能力的目的。

（2）多种形式的大量练习。书面语或口语形式的笔语表达可以通过多种形式的练习来进行。例如，填空练习、看图写话、汉译日、造句、写命题短文等。每一种练习方式都有具体的方法和步骤。例如，利用图示进行写作训练时，可以采取给画面加注释、看图写句子写文章、就画面问答等具体的训练方法。一方面培养学习者的笔语能力；另一方面训练日语思维能力和想象能力。对语言规则的熟练运用需要通过长期的、大量的训练来完成。由于写作可以慢慢思考、反复修改，是灵活、准确、自然地使用语言的极好练习方法。

（3）重视修改。对于已经写完的语句或文章一定要认真阅读，反复修改。除了修改认为不适当的词汇或语法规则，还要从语言逻辑、修辞的角度考虑，增强语言表达的逻辑性、条理性。修改可以分为自我修改和他人修改。要在自我修改的基础上向教师请教或借助参考资料修改。修改一定要事后分析原因，体会被修改的语句与自己写作的语句差异，从而学习准确的日语表达方式。

2. 日语写作能力提高的策略

日语写作能力与母语写作能力息息相关，母语的写作水平高，相应地也能具备用日语破题、构思、捕捉灵感等能力。尽管用外语思维时会带来某种程度的能力降低，但是，提高总体写作技能会为日语写作能力的提高提供帮助。具体策略内容如下：

第一，破题。写作的题目来源通常有指定题目和自选题目两种。对于指定题目的写作，首先要分析题目的各个方面，要充分收集资料来满足题目的需要，把指定的题目真正变成自己的题目，搞清题目涉及的范围与自己已知的东西有多大联系，要尽可能使自己的兴趣和经验与之联系起来。个人经验正是进入题目所需要的。对于自选题目往往是从自己熟悉的和感兴趣的问题入手，要慎重推敲所定题目涉及的范围，避免题目过大，要写的范围太广，自己难以驾驭的情况的出现。因为范围过广往往难以深入，过于肤浅而导致写作的失败。因此，选题首先要确定的是"写"的问题，即"写的原因"以及"写作面向的群体"这两个问题。应考虑写作目的和读者的需要来选题。

第二，构思和捕捉灵感。构思是一个积极的思考、酝酿的过程。在构思的过程中需要灵感，即从一个词、一句话或者一件事物、一种现象中突然产生某种联想，发现新的解决问题的办法。但是，这种灵感不是凭空而降的，它来源于知识和经验的积累。对于写作来讲，有效的构思需要扎实的努力和善于捕捉灵感两个要素发挥作用。

第三，累积素材。累积素材就是围绕文章的主题不停地写下所有学生能想象到的词汇或语句，不必受标点、语法、词汇书写的正误、甚至是否已经脱离开始时对题目的认识等的限制，信笔畅书，发挥想象力，写出足够量的与主题相关的材料。累积素材可以采用图解法、树形图、词束网络的方式。图解法即用图示勾画出文章的中心或要表达的主题；树形图就是围绕着文章的主题和中心思想，勾画出文章的结构关系，理清文章的脉络；词束网络即罗列出所有能够想象到的与主题相关的词束，从这些材料中划出自己感兴趣或自己认为有感可发的内容，从中选出自己想要得到的东西，逐步使文章的主题更明确突出。

第四，"六个W"提问。通过对文章的WHO（谁）、WHEN（何时）、WHERE（何地）、WHAT（什么）、WHY（为什么）、HOW（如何）这六个问题的回答，增强文章主题的深度，产生更多的素材，从素材中找出切入文章的办法。可能在一篇文章中，有些要素是涉及不到的，因为，文章需要有所侧重。但是，在写文章时，往往是从这些基本要素中提取重要的、个别的问题来解决一些矛盾冲突。

第五，有目的阅读或与他人交谈。有时冥思苦想也不能产生灵感，这就需要阅读一些相关资料，从大量的信息中受到启发，从而产生新的想法。必要时还可以通过与他人交谈，听取不同角度的看法，扩大眼界，开拓思路。

第六，解答问题。许多的认识都是在解决矛盾的过程中产生的，找到矛盾的实质、根源才能找到解决问题的办法。在构思过程中分析与题目有关的问题，并且从不同的侧面回答这些问题，就能在发现和解决矛盾的过程中明确自己的观点和态度，这也就是所谓的灵感。

第七，撰写提纲。笔语的写作可以分为以事实为中心的写作和以思索性的或以思想为中心的写作。前者是作者在写前已经知道大部分的写作内容，写作的任务在于运用语言符号，明确而有效地呈现这些内容。后者有突现性特征，作者在写作的过程中发现许多内容，写作的任务是组织和表达这些内容。以事实为中心的写作，有大量的材料需要简明扼要地阐释，应为写作草拟一个初步计划，使材料得到控制。以思想为中心的写作，在不知道要写的内容时，也要有个引导思想意识或概念的草稿或写作提纲，以便使思考的内容更集中，更有条理。写出主题句提纲和要点提纲（或关键词提纲）时要用日语构思。使用日语词汇或短语、语句写提纲，使得整个文章在构思之时，就具有日语结构和表达，避免用汉语构思或写作再翻译成日语导致的"翻译腔"文章的产生。

第八，大量阅读。对于写作能力提高来说，大量阅读一方面可以扩大知识面，提高针对语言规则的复习巩固的频率，另一方面，通过阅读同一题材或体裁的文章，可以为构思、写作等提供灵感。

（五）日汉翻译教学策略

1. 日汉翻译的技巧与准备

（1）日汉翻译的技巧。语言的转换，一是词汇和语言规则的转换；二是语言文化心理的转换。翻译教学的一项重要任务就是让学生把握翻译技巧，关于句子翻译，翻译教学不仅涉及句型、语法、惯用搭配等语言结构、规则，更重要的是指导学生准确把握句子的语言逻辑；文章的翻译会涉及不同题材、不同体裁文章的翻译技巧。翻译教学就是要指导学生把握翻译技巧，为翻译实践提供理论指导。

（2）日汉翻译的准备。口译和笔译的译前准备有相同点和不同点。

第一，口译的译前准备。①专有名词准备。首先要准备人名、地名、机构名称、所谈业务相关的专有名词等。②话题准备。例如，准备随行翻译时，由于原作内容可能会涉及接机、住宿、订餐、宴请、会谈、送别等相关工作，就可以围绕这些方面准备语言材料。③背景知识准备，翻译人员需要准备所工作地域的风土人情、物产资源、地理历史等知识，以便交际顺畅。如果是会议翻译，需要了解会议主题、议程、来宾构成、会议发言者的发言提纲等。特别是会议内容如果涉及专业领域，例如，经济、管理、法律、金融等的某一侧面，与之相关的国际要闻、名人大事、专业词汇也都要一并准备。④心理精神准备，主要包括严谨认真的工作态度、不急不躁的工作作风、阳光积极的精神面貌等。作为一名翻译工作者，仪表端正、举止有礼、神态亲切自然，就已经积极创设了良好的翻译环境。因此，工作前需要洗澡理发、熨烫衣物、早睡、淡妆、规划好时间不迟到、带好工作所需材料文件，精神饱满进入工作场合。养成良好习惯，并且做好心理准备，是口语翻译课程的必要训练。

第二，笔译前准备。①大量阅读。笔译分文学翻译和非文学翻译。文学翻译主要包括通读原作、了解作者、了解作品的历史背景和作者写作时的社会背景、读与作品相关的评论。通过这些准备，把握作者叙述过程中要表达的文化内涵、心理内涵，这样才能真正把握作品，在翻译一语双关、隐喻的语句、段落时才能找到最准确的表达。非文学作品翻译主要关注专业领域的知识，对专业术语、专有名词、专业背景等做好材料准备，以免由于不懂专业，误译原文或者译文说外行话。因此，尽可能多地收集与拟翻译文献相关的资料，无论是中文还是外文，大量阅读，深入理解，才能顺利翻译。②认真准备。如果是文学翻译，需要列出人物关系图、情景示意图、故事发展脉络图等，以便在翻译过程中能宏观把握作品。如果是翻译非文学作品，可以先列出文章逻辑、推理过程等。③反复训练。如果拟翻译的文献是宏大篇章，翻译之前可以先尝试翻译一部分，找准翻译的语言表达风格。也可以请同行对试译部分提意见和建议，通过反复修改，确定翻译基调。④请教研讨。可以访问专业人士，请教不懂的问题，以便能用专业的视角进行翻译工作。⑤心理精神准备。翻译文章首先需要精益求精的专业精神，全神贯注翻译的习惯。其次需要设定好翻译环境，随手可用的工具书、资料，网络查询的支持，尽可能不要总被打扰和打断，保持翻译工作的连贯性和逻辑性。保持平稳的心态和健康的身体状态。

2. 日汉翻译能力培养对策

翻译工作中，无论是口译还是笔译，都要求译者具备良好的双语交际能力、扎实的专业功底和精湛的翻译素养，还需要广博的知识、良好的心理品质。为此，在培养翻译能力训练时，需要有适合译者水平的中外文拟翻译资料、必要的翻译理论指导、专业的翻译导师的指点、模拟的翻译者工作环境和情景，在这样的环境下，译者会成长得更快。具体训练内容如下：

（1）口译能力的训练。

第一，培养快速反应能力。具体内容如下：①视频翻译。无论是同声传译还是交替传译，都需要译者专注地倾听、敏捷地思考和快速地表达。这个能力的达成需要教学过程中和课后随时随地的训练，例如，播放各种题材和体裁的视频资料，如影视剧、节目短片、新闻播报、会议现场视频等，让学生练习同声传译和交替传译。交替传译尽可能要求学生完整表述，不拖延。同传训练时即使翻译得不够全面，有时候只译了几个词，也要尝试练习，坚持下去。经过训练，会逐步加快母语与外语的思维转换、从记忆中快速提取词汇，对口部发声器官肌肉群的紧张性锻炼也都有裨益。②口头翻译。以教师或同学组队互译，或者模拟会议翻译为主要形式。目的是为了锻炼译者适应不同声音、语流、语调、语速的语言表达。③听音翻译。主要是不进入翻译情景，看不到说话人动作、表情等，没有语言辅助要素的参与，只凭借声音信息来翻译。这是同声传译训练的初级阶段，这对译者来说是更加困难的翻译。

第二，培养准确全面记忆能力。具体内容如下：①准确记忆的前提是完全听懂双方的话语思想和内容。②准确记忆的诀窍是把握发话者的叙述逻辑，记忆这个逻辑过程。③必要的提示记录有助于帮助译者准确全面记忆话语内容。记录可以是单词、首字母，可以是草书或符号，最好是用所听语言的符号记录，避免语言转换耽误时间。④充沛的精力和高度兴奋的翻译状态有助于翻译过程的完整记忆。

第三，准确的分析预测能力。具体内容如下：①仔细体会隐性语意。翻译过程中，发话者的原则和态度通过动作、表情等更容易被翻译人员所体会，应用这些隐性理解，译者可以预测发话者的后续话语。这种预测能力来源于译者敏锐的观察和平时的积累。②借助言语的字面意义，语言中的语音、声调、语气、副词惯用搭配等，并结合语境等推导出说话人的真正意图或内在含义，这种预测来源于译者的双语语言基本功底。

第四，合适的表达能力。无论持不同语言的双方以何种态度和语气表达，译者都要始终保持沉着冷静，不夹杂个人情绪，尽可能完整表达双方的意图，又不会引发争端，这是对译者的语言交际能力水平的要求，更是对译者机智应对、敏捷处理临场状况的专业能力和素养的考验。

第五，沉着冷静的态度。具体内容如下：①适应各种体位的翻译。无论是坐式翻译还是立式翻译，无论是移动中翻译还是非移动状态下的翻译，译者要适应各种翻译体位，找准作为翻译应该处的位置，把握翻译时的声音高低。②适应各种译位的翻译。有意识训练学生多体验室外翻译、人群中翻译、会议现场翻译、台前翻译、幕后翻译等各种翻译场合，训练学生不受干扰，专注语言交际的能力。

（2）笔译能力的训练。

第一，准确理解。译文要符合或接近原文意义，准确认知是必要保证。特别是文学翻译，译者要把自我融入作者的心态、感觉、情绪中，捕捉作者选择每一个词、每一个表达的真实意图。只有准确把握，才能落笔翻译，否则就是对原作和原作者的不负责任，也是对读者的欺瞒。要做到这一点，反复阅读，提前准备是保障。

第二，推敲。翻译过程中，无论是文学翻译还是非文学翻译，即使是一个语句、一个词汇的差异，也能改变作品的风格，带给读者不一样的感受。所以，翻译要在尊重原作的基础上，结合译作语言的表达习惯和作品风格决定，需要译者严谨慎重。因此，在日常教学中，要培养学生养成推敲文字的习惯。

第三，表达的艺术性。文学翻译的艺术性主要重在语言精美、表达流畅，特别是诗歌翻译还要简练达意、工整对仗。非文学翻译的艺术性主要表现在语言富有逻辑，表达精练明确。汉语中短句式较为常见，日语中长句比较多，对长短句的分与合，逻辑关系的把握，断句、语言风格的提炼都是笔译需要重视的。这都需要在日常的训练中仔细揣摩，不断提高语言表达水平，达到翻译的艺术准则。

第四，译者的态度和心理。口译不似笔译，只有唯一，别无选择，同声传译尤其如此。即使交替传译可以边记录边思考，但是谈话的时间限制也容不得译者过多思考。笔译则可以充分斟酌，衡量利弊得失再做选择。但是，要使译文达到语句通顺、用词精准、标点正确、格式规范等标准，需要译者具有严谨认真、精益求精的工作态度和对译文反复推敲的耐心与恒心。

二、日语教学的语境构建

（一）日语教学的语境构建要求

第一，语境真实性。在日语课堂教学中，教师可选用多媒体软件、录像、电影、幻灯和图片等多种媒介，也可利用多媒体手段提供接近真实的模拟语境，为学生提供真实的语境和背景资料，并尽量创造条件让学生亲身体验，创造交流语境，把学生带入具有现场感的语境交际中，提高学生参与的热情。

第二，语境协调性。在日语课堂教学语境构建的过程中，应尽可能发挥学生的学习积极主动性，促进师生间的互动交流，而不是过多地使用繁杂的课件，来吸引学生的注意力。师生双方在课堂教学中都应以充分发挥自身的主观能动创造性为前提，以创设平等、和谐的教学环境为基本条件，建立以知识为载体，主动参与共同发展的课堂教学模式。选择最符合现实教学环境的教学方法，通过利用多媒体真实多样的展示功能和丰富的形式，让学生获得最直观的知识信息，使学生在自主交流的语境中找到自信，提高日语的活用能力。

第三，语境多元性。教师应利用多媒体教学技术的优势不断更新日语课堂教学观念和教学策略，制作出符合每科教学特点的教学辅助音像影像资料，在课堂教学中作为激发学生体验热情和提高自学自主性的辅助材料，使课堂教学形式多样化，充分调动学生积极掌握并理解语言知识信息，激发他们学习日语的能动性和热情，最大可能地发挥出他们的潜在能力。

（二）利用多媒体技术构建语境化日语教学

在日语课堂教学中利用多媒体技术可以激发学生的学习兴趣，培养学生主动学习的习惯。因为多媒体技术集声、形、色、光于一体，使呆板乏味的、抽象的学习内容转化成可感知、可视、可听、有形的直观动感内容。能够很轻松地、立体地、全方位、多角度调动学生的感官，使学生高效快速地接受信息知识，在愉快的氛围中轻松转化为永久性记忆。

第一，多媒体教学的互动交流性是传统教学技术手段所不可比拟的。师生之间、学生之间的交流性练习可以轻松地实现，互不影响，而且能有效地利用课堂时间。通过相应的课件素材，外国的情景图像、声音展现在眼前，身临其境体会课堂所需要学习的知识，使学生感到如闻其声、如见其形。例如，在讲解日本的地形时，采用多媒体的手段，展示日本的地图以及各地的代表性地域特点，并配以轻松的音乐和适当的解说，让学生随着动画的变化来猜测各地区的名字，连成日本的地形全图。在互动中，学生不仅掌握了日本的地形知识，还牢记了各地的地名。重要的是，通过积极主动的学习，将机械死板记忆转化为理解活用记忆，从而加深记忆深度，提高记忆效率，让学生在轻松愉快的氛围中将学习的知识转化为自身的能力。

第二，多媒体作为一种教学辅助工具，不是对传统教学方式的完全否定，而是作为一种工具，高效地调动学生的听觉和视觉的反应能力，创造出声图并茂、轻松愉悦的教学情境，激发学生的学习热情。尤其对于二三线城市的日语学习者来说，与日本人面对面交流的机会极少，缺少真实的日语语言环境，难以实现对日本语言文化的亲身体验。多媒体技术在日语课堂教学中的应用，可以营造出身临其境的氛围，这种实效性的效果是其他教学方式手段难以实现的。因此，在日语课堂教学中，适当地使用音像、动画、DVD 影片等多媒体技术，可以使日语教学过程更加直观、生动、有趣和高效。例如，在讲"面试"的基本知识时，可以利用多媒体的声像、摄像技术结合的功能，剪辑出日本人的面试短片，让学生边观看边模仿。实践证明，直观的音像资源等多媒体技术可以让学生很快地接受知识，有利于学生模仿、掌握相关知识，迅速提高学生的自主灵活运用能力。

第三，利用多媒体技术可运用因特网上丰富的资料资源，丰富课堂教学内容。课堂的时间是有限的，而教学的内容是无穷尽的，提高课堂教学效率是教学的首要任务。传统的课堂教学是以教师讲授为主，课堂模式是"粉笔加黑板，课本加笔记"，教授方式缺乏趣味性、多样性，容易导致学生注意力分散、不认真听讲，课堂效率低的弊病。多媒体教学用 U 盘等电子存储设备储存信息资料，借助系统网络进行教学，把散于各课的基础知识系统地展示给学生，极大地扩充了信息的传递量，可以让学生在有限的时间里能够学习更多的知识，满足不同层次学生对知识的渴求。

总而言之，在日语课堂教学实践中，应最大限度地利用多媒体技术的灵活可变性、引人入胜性、新颖应时性，使书本上的知识可视可听化、简洁明了化、趣味多样化，深度发掘和利用多媒体技术的优势，提高课堂教学的效率，构建高效的语境化日语教学。

第四章 日语教学的信息化课程建设

第一节 日语教学中信息化课程的设计

下面以基础日语信息化课程教学设计为例，探讨日语教学中信息化课程的设计。基础日语是日语专业教学中极为重要的一门核心课程，同时也是日语学习的基础课程。基础日语"需要不断深化信息化技术的应用，将信息化技术应用于课堂教学设计中，不断增强学生学习兴趣，提升教学质量"。建立完善的信息化教学资源库，将信息化技术应用于基础日语教学中，能够弥补传统教育模式的不足，使课程教学氛围更为活跃，教学方式更加灵活，更符合现代化的教育需求，因此需要加大对于基础日语信息化课程教学设计的研究力度。信息化教学资源属于信息资源范畴，是通过选取、组织，将其变得有序化，对学习者具备较强意义的信息集合。这里所探讨的信息教学资源，具体表示的是涵盖大量教育信息、具备教育价值、在互联网通过数字信号形式传输的信息资源。学生通过对这些资源的使用，能够进一步优化学习环境、丰富学习方式。

信息化教学资源主要具备的特征包括：第一，管理智能化、存储海量化。通常而言，信息化资源会包含较多的音频以及视频数据，设备需要具备较大的存储能力，例如光盘库以及大容量的磁盘阵列，基于大型数据库管理模式，能够快速检索。第二，显示多媒体化。可以通过多媒体计算机技术对多种媒体学习资源进行存储、传输与处理，包括动画、图像、文本以及声音等，与传统信息资源的处理方式相比，更为丰富。第三，传输网络化。通过网络信息可以进行远距离传输，学习者可通过联网的计算机或其他设备获得自身所需要的信息。第四，交互性。交互性与传统信息交流媒体存在不同，其更为强调学习资源的以"学"为中心，传统的信息交流媒体在信息的传播上较为被动并且具备单向性，而交互性的信息化学习资源，学习者可以主动选择想获得的信息资源。第五，教学过程智能化。在信息化技术的应用下，可以实时监控、分析教学环节中信息资源的使用情况，基于学生不同特点下，确定出科学、合理的教学方法及内容，同时，对学生进行针对性的指导，在指导中找出学生知识薄弱点与原因，提出有效的学习建议。

一、基础日语课程教学中信息化设计的意义

（一）激发学生学习兴趣

以往的课程教学过程中，受传统教学观念的影响，一些教师采用的教学方法基本上是纯理论的教学，要求学生死记硬背教材中的理论知识。这种教学模式下，学生只是将学习作为一种任务，很容易产生厌学的情绪。学生才是课堂学习的主人，教师只是学生获取知识的协作者、组织者以及引导者。在信息化教学技术的良好应用下，转变了传统机械式的教学模式，使原本枯燥乏味的课堂变得更为生动有趣，师生关系平等化，在师生良好互动下提升学生对于课程学习的兴趣。教师可以通过信息化的教学方式，为学生制作微课视频或者PPT演示文件等，充分激发学生学习的积极性，对学生学习兴趣进行培养。例如，课程开始前，教师可以从学生实际情况出发，应用分组教学法，将学生分为若干小组，根据学习重点内容给学生制作预习任务单，鼓励学生利用智能手机等移动设备拍摄日常学习视频，通过视频网络日志（vlog）的形式将其呈现出来。为进一步强化预习效果，教师应要求学生课前做好预习，并为学生提供上网查询等服务。在众多预热活动下，实现小组成员间的良好互动，有效提升学生学习积极性，进而提升学生学习兴趣，达到良好的教学效果。

（二）丰富课程教学形式

在基础日语教学课程设计中应用信息化教学，还能够有效丰富教学形式。以往教学设计过程中，出于教学任务以及课程教学时间等各方面因素的影响，教学形式较为单一，往往是教师在讲台上讲，学生在下面听，很大程度上忽略了学生学习的主体地位，这种填鸭式的教学形式下，教学效果也十分有限。而将信息化教学用于基础日语教学课程中，要求教师应用多样化的信息化手段开展课堂教学。教师需要转变以往的教学思维方式，对信息化教学重点进行提炼，从课程特点与学生学习情况出发，设计出与之相匹配的教学课件，为教学质量以及信息化教学效率的提升奠定坚实基础。例如，课件制作过程中，教师会利用多媒体技术，为学生展示与教学内容相关的音频或者视频等，并且会通过电子存档的方式进行教学教案的详细记录，课程结束后，会对教学活动开展情况、信息化教学应用情况等进行总结反思。在网络教学资源的应用下，对信息化教学内容进行扩展，改变传统教学模式单一这一弊端。除此之外，多样化的教学形式下，能够使学生主动参与到课堂学习中，使学生学习主动性更高，有助于学生自主学习能力的培养。

二、基础日语课程教学中信息化设计的应用

（一）明确课程信息化设计思路

以信息化教学为引领，选择多种教学方式，包括，微课教学法、小组合作教学法、任务教学法、启发引导式教学法等，对基础日语教学课程设计中信息化教学应用进行设计，教学设计流程为：结合教学内容与学生学习实际制作微课，提升学生学习兴趣；通过小组的形式开展基础日语信息化教学，课堂教学中注重引导学生提出问题、有效讨论、提出结论，并指导学生做好课后作业练习；基于信息化课程教学做好课后评价，通过有效的评价手段，掌握学生学习情况，从而有针对性地加以提升、优化。

（二）教学特点与学习环境构建

基础日语对日语专业的学生而言是极为重要的一门核心基础课程，该课程承担着将零基础学生培养成具有初级日语水平的任务。教学环节包含较多内容，例如，单词、语法、课文以及课后作业等。具备互动性不强、趣味性较弱以及知识量大等特点，以往教学模式下，主要是教师在课堂上讲授相应知识，课后留出相应作业，学生不具备较强的参与度，课堂教学氛围不活跃，一些学生从整体上对这一课程的兴致不高，因此对以往教学模式进行大力改革势在必行。现阶段，各院校逐渐将重点放在了创新人才培养上，重点要求转换以往的传统教学模式，通过信息化教学手段重点培养学生的自主学习能力，主要目的是培养综合型人才。将信息化教学应用于基础日语教学课程设计中，较好地顺应了这一发展趋势。

在学习环境的营造上，为提升基础日语课堂教学氛围活跃性，使学生积极主动地参与到教学活动中，采取小组合作学习的方式，明确了组内所有成员的职责，教学过程中，先抛出问题，让小组间进行讨论，以小组为单位，展示小组讨论结果；随后再进行小组与小组间的讨论；最终，教师做出总结。通过这种方式，为学生创建出了一个轻松、平等、活跃的学习环境，在此环境中，学生可以充分发挥自身思维能力，加深记忆能力，能够有效促进教学效果的提升。

（三）信息化课程教学设计重点

1. 完善信息化教学资源，利于自主学习

与英语专业存在一定的不同，日语专业的学生大多是零起点，若没有教师的指导和自主学习，很难看懂教材。因此实施基础日语信息化课程教学设计时，重点要引导学生可以

独立读懂教材，进而应用翻转课堂使学生对知识点做到掌握与理解。实现基础日语信息化课程教学设计，从而达到良好的课程教学效果的主要基础是制作便于学生进行课下学习和巩固的 PPT 课件、微课视频等学习资源，从而拓展学习的时间和空间，让学生在课后也能随时随地获取相关知识。微课制作，可以选择音频、视频的方式，也可以选择 PPT 录频等方式。而重点是要求教师根据每一单元或每一课的难易度、性质以及内容制作适合学生视听学习的微课。

例如，日语学习的入门阶段就是"五十音图"的学习，主要引导学生掌握平假名和片假名的发音与书写规范，假名的学习相对比较枯燥，因此教师可以通过动画等形式，提升视频趣味性，有效吸引初学者的注意力，增强学生学习兴趣。假名学习结束后，会进行简单的语法教学，教师可以根据各个语法点，制作出相应的微课，便于学生反复观看学习。在学生有了一定的日语基础后，教学设计则应该更注重学生自主学习能力的培养，要求学生能够对学过的知识进行综合的运用，可以表达出来。进行微课设计时，重点加入一些示范性知识的应用内容，包括旅行、会客、购物、演讲以及用餐等，让学生进行模仿和表达，加深理解，强化记忆，实现课程教学效果。制作微课时，注意对微课长度进行控制，时间不可过长也不可过短，一般不要超过 10 分钟，以免影响到实际的应用效果。

2. 进行"线上+线下"混合式教学设计

课程教学环节，摒弃了以往在课堂教学中按部就班讲解单词、语法以及课文的方式，对教学方法进行创新，通过任务型自主学习式、互动式以及提问式的教学方式，使学生对所学内容进行积极的思考，将学习变成学生知识不断内化的过程。在整个教学环节的设计中，依托信息化教学平台，将单一的课堂教学向课前预习、课中展示与点评、课后补充完善的立体化课程教学转变。转换传统的以教师为主的教学模式，通过线上线下混合式教学实现以学生为主体，教师为引导的教学模式，教师主要负责检验学生自主学习的效果，并进行知识点的补充和完善。

（1）教师课前制定并发布教学任务，引导学生以小组的形式完成相应的学习任务。教师可以从教材内容出发制定教学任务，也可以通过教材附带的"综合练习"制定教学任务。课前通过课程学习平台，将教学任务和微课视频等资源发布给学生，各小组的学生通过观看微课、或通过其他媒介进行资料查询等手段进行自主学习。

（2）课中确认学习效果。教师需要耐心解答学生在自主学习中遇到的各种问题，帮助学生更好地理解教材的教学内容。例如，进行日语单词教学时，让学生朗读单词，了解学生对单词发音的掌握情况；通过信息化教学平台听写单词，及时检验学生对单词的记忆情况；随后讲解重点和易错单词即可；进行语法教学时，教师需要依据微课中附带的语法选择、翻译练习等，了解学生的语法掌握情况，明确重难点，重点讲解学生容易出现错误的语法；进行课文教学时，应首先让学生分组进行朗读，检验自学效果，并根据实际的掌握情况进行补充讲解；除了朗读外，还要检验学生对文章的理解度，通过简单的问答和文章、对话翻译等方式层层递进的检验学习效果；最后老师再补充讲解其中难度较大的句子。另外，课堂上还要重视发散性问题导向，通过任务导向引导学生进行小组讨论，激发学生的学习主动性和创造性；随后让各小组选择代表积极发表各组的见解。教师需要对学生的任务完成情况进行点评，例如，小组人员参与程度、内容完整性、语法使用以及语音语调等。

（3）课后做好练习，进行知识点巩固和完善。以往日语教学过程中，学完一节课后会带有相应的练习题，并且，还会有配套的练习册。不过，因为课堂学时有限，课上不会有太多习题讲解的时间，一些自主学习能力差的学生并不能完成教师布置的作业，教师也很难把握学生的学习情况，进行有针对性的讲解，因此很难获得良好的练习效果。同传统作业模式相比较，将信息化教学引进到基础日语教学中，教师通过信息化课程教学平台，可以线上对学生的作业完成情况进行查看和督促；此外，教师还可以通过平台的统计功能，实时监测学生的学习效果，及时了解学生的易错点和存在的共性问题，便于进行针对性的引导和补充。有重点有针对性的作业讲解，不仅能节约习题讲解时间，还能有效提升练习效果。

3. 重视日语课程的综合性教学评价设计

以往教学模式下，课程评价具有较强的单向性，对于学生的评价，也只是通过教师批改作业及期末考试的方式。信息化教学模式的应用下，教师可以通过课程网站平台，进行课堂感受交流，将课堂总结上传至平台中，对学生日常学习表现进行反馈，有助于学生知识内化。基于学校对学科基础课的总体要求及评价效果和公平性，基础日语课程还不能完全舍弃传统闭卷考试的方式，不过可以适当调整考试成绩占比，将重点逐渐向课堂表现、课下学习以及作业完成情况等方面转移。评定学生最后成绩时，可以将平时成绩、网络教学视频观看情况以及小测试完成情况的分值加入其中，最后的总成绩要包含多种要素，例如课上发言情况、课前学习情况、作业完成情况等，对学生进行更加全面的评定。

综上所述，信息化教学资源具备较多特征，将其应用于基础日语课程教学设计中意义重大。多种信息化教学手段的应用，便于教师逐步完善课程教学设计，从而激发学生的学习兴趣，提升其自主学习能力，进一步提升课程教学效果。依托信息化教学平台，在微课等信息化资源整合完善以及线上线下混合式教学模式的基础上，以小组合作、自主学习、综合评价的方式，对信息化教学在基础日语课程教学设计中的应用进行分析，转变了以往的教学模式，对课堂教学进行了创新。未来还应不断加强此方面的研究，更好地发挥出信息化教学在日语教学中的作用。

第二节　日语教学课程中多媒体技术的运用

下面主要探讨多媒体网络技术在日语教学中的应用。"计算机多媒体网络技术的出现为日语教学提供了一个好的教学媒介，既弥补了传统教学在师生交流和语言环境方面的缺乏，又极大程度上提高了日语教学的质量和效率，值得教育工作者对其应用进行思考和研究，使其为提供更好的日语教学环境贡献力量"。

一、日语教学课程中多媒体技术的运用优势

（一）提高日语教学效率

传统的日语教学中，教师讲授的内容都要板书在黑板上或是口述，这两种方式都有其局限性，板书会浪费教师和学生的时间，所有内容都要靠手写和手抄，使课堂时间不能得到有效利用；口述则会使学生漏掉较为重要的内容，使教学效率下降而将多媒体网络技术引入教学中后，教师可在备课阶段准备与讲授内容相关的演示文稿，在课堂上播放来辅助教学，这样一方面节省了教师板书和学生抄写的时间；另一方面也避免了教师手写或者口述不清的现象，另外在课程结束后学生可将演示文稿拷贝，在课后自主复习，实现学生的自主学习，并且多媒体网络技术还可以活跃课堂氛围，将枯燥的学习内容变得生动有趣，使学生更乐意参与其中，学生参与度的提高可以直接促进教学效率和教学质量的提高。

（二）提供日语语言环境

学习语言最重要的就是语言环境，一个良好的语言环境可以显著优化学习效果。传统的大学日语教学只有师生或学生间简单的交流，发音或语法都可能出现错误，久而久之，学生对"说"失去信心和兴趣，听说能力都得不到提升，理论性知识掌握良好但实际运用能力不足。多媒体网络技术则可以为大学日语教学提供一个较好的语言环境，教师可在网络上下载日语原声的音频或视频，例如，新闻、有声读物、电影、音乐、电视剧等等，在课堂上播放，供学生练习听力，纠正发音，学习专业用语或日常用语可挑选某些具有代表性的片段，组织学生进行朗读或重新演绎，这样一方面为学生提供了"说"的机会，使学

生敢于说、乐于说；另一方面还活跃了课堂氛围，使学生有身临其境的感觉，进而更好地掌握和运用所学。

（三）实现日语远程教育

传统的日语教学中，师生除在课堂进行交流之外，没有更多机会进一步交流，使教学得不到延伸和发展。而多媒体网络技术使远程教育和网络教育成为可能，使大学日语教育突破了时空的限制。运用网络，教师可创建教学网站，将其课程的教学资料上传，为学生创建个人账户，使其可以登录教学网站进行教学资料的下载和学习。教师可将习题和试题定期上传至课程网站，学生登录后完成提交即可，极大程度地减少了教师工作量，并且学校的教学管理部门也可通过课程网站的监测系统实时掌握教师的教学进度和学生的学习情况，及时发现并解决问题。另外，利用网络社交软件，教师可创建课程公共邮箱或学习交流群，随时解答学生问题，并为学生提供交流学习的平台。对于学生自身而言，可通过全球社交平台与日本的学生进行沟通和交流，了解其文化并提高自身的日语运用能力，使学习过程变得更加高效和便捷。

二、日语教学课程中多媒体技术的运用策略

第一，视。视即看，包括教学需要的演示文稿和辅助教学的图片或视频。在教学中教师运用多媒体设备将授课内容显示在投影屏幕，直观而又清晰地讲授日本特色文化，如寿司、樱花、相扑等时，教师可通过展示图片或播放相关视频使学生更加直观地认识和理解这些文化和其背后的内涵。在实践环节，教师可通过播放一些经典影视片段，向学生展示日语地道的运用方式和相关必需的礼仪，使学生不仅拥有丰富的理论知识，也能够灵活准确地运用所学。多媒体网络技术使日语教学在视觉方面更加多样，使学生能够更加直观地学习，所掌握的知识也更加准确，逐渐增加学生对日语学习的兴趣。

第二，听。听，在语言学习中占有很重要的分量，学生主要通过听来模仿、学习，保证发音准确性，提高自身接收信息的能力。多媒体网络技术使"听"变得更加方便和多样，丰富的网络资源使学生不再局限于教材提供的听力材料，可通过网络下载任何适合自己的听力材料，例如新闻、有声报纸、音乐、专业听力材料等，广泛的选择使学生能够体会不同题材和不同难度的听力，不断培养自己的反应能力和理解能力。另外，教师可运用多媒体设备在课堂上随时进行听力的练习和考核，实时掌握学生的听力能力。

第三，说。说，是语言学习的最终目的，也是检验掌握程度的最好标准，目前我国大学日语教学中普遍存在忽视说的能力的现象，进而极大程度上影响了学生的语言运用能力。运用多媒体设备，教师可组织学生朗读文章，并将朗读过程录音，在回放录音的过程

中，学生可发现自己发音及语气方面所存在的不足，进而加以改正，纠正发音。还可以在观看一些影片后，学生组成小组，选择某一片段进行重新演绎，在演绎的过程中体会特定的语言环境和情感，提高自身的语言应用能力。另外，在课堂之外，教师还可在公共平台创建日语频道，即学生在这一平台上完全使用日语进行交流，为学生提供一个使用所学的平台，保障了师生间、学生间的实时交流，将教学延伸到了生活中，为学生提供更多的"说"的机会，学生的口语运用能力也得到了提升。

随着科学技术的日益发展，在日语教学中引入多媒体网络技术是一个必然趋势，其优点不计其数，但是也有相应的局限性。在应用过程中，要极大程度上发掘其有利作用，在视、听、说、写多方面为学生提供全新的、高效的学习体验，利用多媒体在画面和声音方面的优势，提高学生的学习兴趣，保证日语教学质量；利用网络便捷性，将日语学习延伸到学生的生活中，使学生将学日语作为一种习惯。只有合理利用，才能使多媒体网络技术服务于现代日语教育，全面提高教学效率和教学质量。

第三节　信息化平台与日语教学资源库建设

在当前信息化技术快速发展的背景下，各项教学资源变得更加丰富和更加开放，但同时也对日语教学提出了挑战。因此，为了适应信息化时代的发展，无论是在日语教学平台还是教学资源库的建设上，都要进行改革。日语教学要结合现代化的信息技术，充分利用图片、视频、网络平台等信息化技术资源对教学模式进行改革。

一、信息化平台与日语教学资源库建设的必要性

第一，适应信息化时代对日语教学的要求。在信息化的时代背景下，几乎所有的一切都可以和信息化技术相联系，信息化技术的发展也的确带给了人们生活上、学习上的极大便利。"在信息化的条件下，日语教学的资源会更加丰富、更加优质，在通过线上线下的相互作用之后，会发挥更大的作用"。这样不仅能够提高日语教学的信息化教学水平，也能够激发学生学习日语的学习兴趣。因此，信息化教学平台和日语教学资源库的建设是学校日语教学改革的新趋势，也是日语教学适应信息化时代对高校教育的新形态。

第二，进一步丰富学生的日语学习资源。信息化平台和日语教学资源库的建设，可以进一步丰富学生的日语学习资源。因为通过这个平台和日语教学资源库，学生可以对一些不懂的或者没有听明白的知识在资源库中随时随地学习和复习，也可以根据自己的实际需要选择适合自己的学习资源，并且平台上和资源库里面还有海量丰富的日语听力资源、日

语练习题等可以帮助学生提高日语能力的各种各样的学习资源。学生可以边听边跟着录音朗读，自觉主动地模仿标准的语音语调，学会地道的日语表达。通过在信息化教学平台和日语资源库中的学习，学生可以看到比课堂教学中更丰富的语法、语句等，从而不断提高学生的日语语法的理解能力和运用能力。

第三，节省了日语课堂教学的时间。在现在的信息化背景下，日语教师在授课的过程中会用到多媒体技术进行辅助教学，信息化平台与日语教学资源库的使用就可以有效节省教师的教学时间，例如，节省教师写日语板书的时间，这就变相增加了给学生讲解更多有用的日语知识点的时间。并且在课下，学生也可以利用信息化教学平台和日语教学资源库下载相关的教学资源，搜索自己需要的知识，这样学生也就不用花费大量的时间抄写课堂笔记，教师和学生都可以把更多的时间和精力放在日语学习中更为重要的听说练习和了解更多元化的日语文化知识上。

二、信息化平台与日语教学资源库建设的策略

（一）明确使用对象

日语信息化平台与日语教学资源库的使用对象主要有三类人群：第一类群体是教师。在平台和资源库中，教师可以根据自己的教学需要选择和查阅相关的教学资料，为自己的教学提供素材和信息。教师在使用平台和日语教学资源库时，要对资源的准确性、时效性进行甄别，并在发现有问题时，提出自己的调整和修改意见，以帮助平台和资源库的完善和优化，从而使平台和资源库可以更好地为教师的教学服务。第二类使用群体是学生群体。他们主要是利用平台和资源库进行日语专业课程的学习、作业、练习、疑难问题的解答等。并且还可以实现学生在网上的日语考试和学习评价，让学生的学习过程更加智能化、程序化，实现学生的进一步自主学习。平台和资源库可以为每名学生提供授权唯一的一个登录账号，系统能够自动记录学生使用资源的方式、时长、地址等信息，并可以及时反馈学生的学习效果，方便学校了解学生的日语学习情况和对学生的日语学习情况作出评价。第三类群体是社会的学习者。信息化教学平台和日语教学资源库的建立一般都是针对高校内部的，资源库和平台都是相对独立的，如果针对外部的学习者开放，可能安全性会有风险。但在现在技术安全性越来越高的情况下，平台和资源库的更高程度的资源共享将会服务于更多的日语学习者和爱好者。

（二）建设团队组建

信息化平台与日语教学资源库的建设是一个工作量比较大的工程，在建设过程中，虽

然学校可以提供相关的开发平台，但如果真正想要设计出美观大方、便捷高效的平台界面，并在后期的维护当中，保障更为有利的人员支持、技术支持等，还是需要有一支专业、稳定、长期的建设团队，这在建设信息化平台与日语教学资源库的过程中，是至关重要的。根据学校信息化教学平台与日语教学资源库的建设要求，团队的成员应该主要以日语教师为主，一些信息化技术专家、学生等为辅，通过分工合作，共同努力来完成学校信息化教学平台和日语教学资源库的开发建设，并能够实现资源库后期的良好运行。其中日语教师作为信息化教学平台和日语资源库建设的主要力量，负责收集和发布信息；信息化技术专家主要负责平台的开发、运营管理和完善工作；作为使用平台和资源库的学生则主要负责使用之后的意见反馈，从而为进一步完善平台和资源库提供最为客观的建议。需要说明的是，为了降低平台和资源库的运行管理成本，作为主要人员的日语教师要不断强化自身的平台管理能力，掌握平台运营管理的基本技能，对于平台与资源库中的一些小问题有解决能力，并对日常的平台运作和资源库管理进行监督。

（三）平台框架构建

信息化平台和日语教学资源库的建设，是为了实现学生的自主学习，所以，平台界面的建设是很重要的，要板块清晰、界面友好，搜索日语学习内容时要易操作明了，并可以展现出一线日语教师的智慧和教学成果，打造一个具有鲜明教育特色的可以相互交流沟通的学习平台。因此，在平台与资源库的区域划分上，必须要进行明确，使学生可以准确上传资源或者下载资源，减少学生选择适合资源的时间，方便学生可以快速全面地找到自己需要的学习信息，使平台和资源库真正成为学生和老师获得专业日语学习信息和职业信息的最为便捷的渠道。

（四）教学资源整合

根据日语信息化教学资源的复杂程度，一般可以把教学资源分成三类：一类是媒体类的资源，如文本、音频视频、图形图像、动画等。这些资源要进行整理并进行流媒体形式转化，以方便在网络中传输或者提取。第二类是一些简单制作的课件、微课程、网络课程等资源。这些在平台和资源库中是以数字化的形式存在，学生在应用时多是以碎片化的时间来学习，这是为有不同学习需求的日语学习者提供的，在这个平台和资源库中，日语的学习可以变得更加方便。第三类是系统开发的虚拟仿真教学软件、在线课程平台等资源。这些资源一般具有危险性的强电、化学反应、剧毒以及在硬件上难以实现的航空、深海、战争实践教学，开发虚拟仿真教学软件，进行模拟教学可以保证安全并减少投入。

（五）日常运营维护

日语信息化平台与资源库不仅需要在建成之后进行定期及时的发布、更新各项教学资源，更重要的是要吸引更多学生的关注，并且使用平台和资源库，这才是平台和日语教学资源库建设的目的。为此，信息化教学平台与日语教学资源库的建设同样要注重后期的运营和维护工作，作为重要使用者和参与者的日语教师而言，要坚持"使用者也是建设者"的理念，引导更多的学生以主人翁的姿态参与平台和资源库的建设，使平台和资源库成为学生学习以及终身学习的重要来源。只有大家共同努力，日语信息化教学平台和教学资源库才可以获得更加长久的发展，才有源源不断前进的动力。

在信息化的时代，日语教学技术也在不断地改革和进步，信息化平台和日语教学资源库的建设就是在信息化背景下的一种日语教学创新，这不仅是学校日语教学改革的需要，也是符合当代信息化发展的要求的。虽然信息化平台和日语教学资源库的建设是一项较为复杂的工程，但在学校、日语教师、学生、技术人员的共同努力下，日语教学水平和日语教学形式的创新一定会更上一个台阶。

第五章　信息化背景下日语生态课程构建

第一节　教育生态学视角下日语课程的设计

随着中日交流的不断深化，日语作为仅次于英语的第二大语种已备受重视。高校日语专业教育在师资配置和教学硬件设施上取得了长足进步，但日语专业的教学理论仍停留在较为传统的教学模式上。教学生态模式是一种将系统性、整体性、协调性和动态性融为一体的语言教学与研究模式，它从多视角考查了语言学习中的生态因子（学生、教师、语言）与语言学习环境的相互作用，具有整体性、开放性、共生性、多样性和可持续发展的特点，从而对语言教学与研究实现了更全面以及更加科学的指导。

一、日语生态教学模式课程设计意义

教育生态学视角下的日语教学生态模式是一种理想的选择。在日语教学中，建构生态化的教学目标、教学内容、教学方法、教学评价方式，把学生、教师、语言及生态环境进行和谐融合与统一，最大限度地发掘每一生态要素在这个生态系统中的合适位置，才可能真正使日语语言教学得到健康、和谐、可持续性的发展。实践中运用生态的教育理念来指导、改进和完善大学日语教学，对提高教育教学质量，培养优秀的专业人才，具有重要的现实意义。

二、日语生态教学模式课程设计构建

将生态学中的整体性、联系性和平衡性原理和机制运用到教育系统内部及其与周围环境的相互关系和作用，分析教育的种种现象、成因，掌握教育发展的规律，并运用生态思维方式调查语言学习与认知过程的各种因素，揭示教育发展的趋势和方向。

（一）日语生态教学模式操作程式

1. 模式的目标

生态化日语教学目标由语言知识、学生发展和整体教育三个分目标组成。其中语

言知识目标是培养学生在语言交往和运用中形成新的理念和价值观；学生发展目标指发展学生语言智能的文化观，培养跨文化交际的意识和能力；整体教育目标是通过将语言知识与技能、教学过程与结果相结合，充分挖掘学生的自身潜能，促进所有学生全面自由地发展。

2. 模式的内容

生态化日语教学内容区别于教材内容，包括语言知识的选定、文化意识的灌输以及学生主体性发展的教学内容。其中，语言知识的选定上充分考虑语言的交际性、时代性、趣味性与思想性，有机整合各学科知识、文化知识和交际策略，提高学生的语言运用能力；在文化意识的灌输上，正确把握和处理日本文化与本国文化的结合问题，培养出精通外国文化，热爱本土文化的接班人；发展学生主体性就是让学生的自主性、能动性和创造性得到发展。

3. 模式的方法和评价

在日语生态教学模式中，其教学方法的选取以能促进学生语言知识、文化知识和人的全面发展为原则，体现了灵活性与切实性相结合的特点，具体包括语法翻译法、演示法、沉浸法、情境法、生态语言教学法等。日语教学生态模式提倡选用多种相关教学法启发学生的思维来提升学生的学习能力。生态化日语教学评价强调建立促进学生主体性全面发展的评价体系。

（二）日语生态教学模式课程设计

1. 日语生态教学模式要素

基于生态课堂"四因素"学说，从教师、学生、语言和环境四方面构建日语教学生态模式。要素具体内容如下：

（1）教师。在生态化语言教学模式中，教师主要应根据自身的优势，结合学生的实际情况和学校自身的教学环境，能够综合选择和合理运用多种教学法，例如，语法翻译法、情境法、认知法、探究法、辩论法、复述背诵法等，激起学生学习的兴趣和动机。

（2）学生。学生作为日语教学生态模式的主体，培养学生要有学习主体的归属感，合理开发和利用自身学习环境及其学习生活环境对日语语言学习的促进作用。生态语言教学理论提出，语言学习是受社会文化环境影响的，是学生成长经历及其母语学习经验的再现和改造过程。在生态化日语教学中，结合学生自身特点，因材施教，以学生的实际需要和个性及其差异为本，建立能激励学生学习兴趣和自主学习能力发展的评价体系。

（3）环境。日语教学生态模式是把日语教学与社会文化与语言环境联系起来，构建全面、整体、动态、和谐的语言教学生态模式，包括语言学习的课堂生态环境、学校生态环境和社会文化生态环境三个层次。

2. 日语生态教学模式要素间的关系

在日语教学生态模式的学习者居于整个模式的中心，充分体现了"以生为本"的理念。学习者与教师、语言乃至环境均发生互动反推作用，教师的教学直接影响学生的学习，学生语言学习对教师具有反推作用，即教师在教学过程中，自己也是一个学习者。学习者与环境的互动作用主要体现在学习者的语言学习在受环境影响的同时，学习者会主动建构有利于语言学习的真实自然语言学习环境。

3. 日语生态教学模式实施方案

基础日语课程是根据教育部日语专业本科教学大纲规定开设的必修课，是日语专业的核心课程之一。基础日语为两学年，共四学期（即1、2年级）。由于日语专业的学生入校时是"零起点"，因此，本阶段的教学既要保证学生掌握正确标准的日语发音、节奏规律和语调，同时还要培养学生对日语学习的兴趣。掌握日语基本的听、说、读、写、译的能力，以达到交际的目的。注意丰富学生知识结构，巩固学生专业理论技巧，为高级日语（即3、4年级）打好基础。

第二节　日语听力课堂生态教学模式的构建

从古至今，课堂一直是师生成长和发展的主阵地。课堂是学校中最主要的育人场所，即学校中被用来进行教育教学活动的场所。教育生态学视角下，日语专业课程以及日语听力教学存在失衡现象。课堂生态学是用生态学的原理来关注和研究课堂教学活动的。课堂生态被定义为"是一种由对教学环境产生影响的互相联系的过程和事件所形成的网络"。由此可见，课堂应是一种以学生为主体并以促进学生的发展为第一要务的形态或样子。在课堂教学过程中，教师和学生是其中的主体，他们在相互配合完成教学任务的同时也相互依存，包括对所在环境的依赖，从而形成了一种动态平衡的关系。

从生态学的角度看，只有以生命存在的自然状态和自然的方法来学习才能取得最佳的学习效果。教育生态学中的生态平衡原理是外语课堂教学研究的理论依据。因此，只有解决外语课堂教学中生态失衡的问题，改善传统基础日语课堂教学存在的缺陷，使课堂生态系统达到平衡，才能有效提高日语听力课堂教学的质量。首先，改变课堂教学与学习理念，设立合理教学目标。生态系统中各因子之间是相互联系、相互作用的。课堂教学作为一个生态系统，其中的各因子也是互相牵制的。只有当教学生态系统整体处于平衡时，教学才能达到预期目标，实现学生的全面发展和环境的最优化利用。教学质量的提高，除了重视课堂教学活动的主客体之外，还有一个重要方面必须关注，那就是课堂生态环境。因此，教学要运用整体的理念强化教育生态系统整体效应在课堂中的作用。其次，建立开放性的日语听力课堂教学。生态系统理论认为，任何一个系统必须在开放的前提下才能实现与外部能力和信息的交换，因此得以生存与发展，这也是大学外语教学可持续发展的基础。在日常的日语听力课堂上，教师给学生设定好相应的语言环境进行听、读、说等练习，但学生走出课堂之后缺乏交流机会和语言环境，那么听说能力的提高十分有限。外语教学需要教师和学生打破时空局限性，把日语听说放置于开放的语言生态环境之中，引导学生走出教师设定。

第三节　生态学视域下日语数字化教学环境构建

生态教学模式在目前课程改革之后的作用是非常大的。在后现代的教育模式当中主要强调的是学生的自主学习能力，这种学习模式主要是认为只要学生有着很强的自主学习能力就能够学习更多的知识，从而能够构建出自己的知识体系，当然在这个过程当中，教师需要提供理想的学习氛围。随着教育行业的不断进步，目前对教育当中的生态学教育正在进行深入研究。

生态教学，顾名思义就是在一种理想的生态环境当中进行教学的方法。生态通常情况下指的是一个整体环境，例如，在一个池塘当中，里面有着各种各样的动植物，这些动植物就会组成一个生态系统。由此可以得知，生态就是一个很大的生活环境，其中它们之间有着各种各样的关系以及环境关系。生态当中的"生"指的是其中带有生命的物体，"态"指的就是状态以及平衡。教师进行教学的目的就是能够让学生学到课本当中的知识。在教学过程当中，教师需要有明确的目的性，从而能够引导学生的思维进行学习，学生通过教师的引导便能够掌握住书本中的知识或者是实践能力，提高自身综合能力。所以，教学的定义就是教师辅导学生进行一个提升学习过程的总称，这个过程当中需要教师和学生之间的密切配合，教师进行传授教学，学生进行学习，二者是一种相互依赖的关系。

生态视域下日语教学数字化环境的构建主要从以下方面探讨：

第一，慕课。这一概念起源于美国，意思就是大规模地开放再现课程教育。因为目前互联网技术比较发达，基于互联网技术就能够实现多人再现教育，并且在这个平台上面可以给任何人提供学习机会，不会受到时空限制。所以这种教学方法是符合生态学视域的一种新型的教学方法，并且正在被广泛推广使用。

第二，翻转课堂。翻转课堂相对于传统的教学方法，其改变了学生和老师的地位。在翻转课堂当中，学生是课堂的主体，同时学生学习也不会局限于教师当中，随时随地就能够进行自主学习。由于学生作为课堂的主体，所以会充分发挥出学生的主观能动性，让其去探究问题，更加高效地进行学习，并且这种方法的教学方式明确，复习检测比较便捷。

第三，微课。微课是微课程的简称，是对于课程当中的重点以及难点部分进行针对性的教学方式。很多学生在学习的时候对于难点问题往往很难弄清楚，所以，微课就是为了解决这种问题。微课也是采用互联网教学方式，通过互联网进行视频教学，不受时空限制。

第四，教学方法多样化。教学方法的选择对于学生的学习效率有着很大的影响，同时，教学方法也是需要根据教学内容来调整的。因为每个地方的教学环境以及实际情况都各不相同，加上班级当中每个学生的学习能力以及接受能力都不同，针对这种情况就可以采取分层教学法，对不同基础的学生采取不同的教学方法，进而能够整体提升学生成绩。

另外，教师也可以采用游戏教学法、故事法以及表演教学方法等。教师不要执着于对语法以及词语的教学，应尽量对每一节课程进行情境设定，通过教学情境的氛围来帮助学生提高学习日语的积极性和成绩。

第五，智能化、创造性评价。教师为了提高学生的自主学习能力，需要在日常的学习过程当中采取评价机制。评价机制不只是单方面地评价学生，教师也要自评。教师在评价学生的过程当中，需要考虑到学生的日常表现以及实践能力，以此来进行综合能力评价。

第六章 信息化背景下日语教学的创新与实践

第一节 日语教学的创新思维模式与能力培养

一、创新思维模式在日语教学中的应用

认知技能发生作用的启动需要学习者性格与情感的参与。在学习中，学生学习环境的愉快和轻松有利于学习者良好的自我形象和精神面貌的塑造。

（一）通过语感带动活动的技能

日语学习具有很强的实践性，需要听说读写共同参与。在日语实践中，外在情境影响着说话人对自身意图的准确表达，以及听话人在适应说话人语言习惯的基础上对叙述的准确领会。所以如果学生在学习时能够有一个和谐、宽松的语言表达环境，就能产生良好的学习效果。教师在设计语言环境时要将日语知识的传授与语言素质、交际能力的培养结合起来。例如，教师可以在使用语言时融入手势、姿态、表情、动作以及语调，使表达更为生动，学生可以通过听音、看景和会意将音义联系起来，提升语言思维。联系与实际生活场景相关的会话时，可采用分角色扮演的方式，使学生有大胆表达、自主思考的充分空间，开创学生敢想、敢说、爱讲的局面。在培养听说读写技能的过程中，语感的培养很重要。语言中词汇、语法、语篇以及语音语调是统一、不可分割的整体。学生培养语言能力不仅要靠推理语言规则，训练语言逻辑，还要在语言实践过程中形成语言直觉，这一直觉就是语感。语感的培养有助于学生学习的加速和对语言的创造性使用，具体而言口语可以通过大量的口语练习，在写作可以通过练习写作小短文、小对话来达到目标；创造性地使用语言则要求学生语感的参与。语言实践形成了语感，而语感又对语言实践有重要作用。

（二）通过思维训练培养学生的想象力

在教学中，可以采取以下方法培养学生的想象力：

第一，自由对话或小话剧表演。学习对话时，除了让学生分角色扮演，练习对话，还

可以让学生根据对话场景运用所学知识仿照一个新的对话。这种方式不仅可以使学生在语言学习中单纯地进行模仿，更能够习得语言思维，激发创造能力。

第二，看图说话。这种方式学生有利于巩固所学到的知识，也能够拓展学生的发散性思维和想象力，增强语言表达能力。比如，让学生观察一幅一人在家中吃早饭的图片，然后让学生编一段话来叙述画的含义。

第三，对话接龙。让学生相互衔接地编对话。第一个学生先选择题目发挥，后一个学生在第一个学生说话内容的基础上进行发展延续，依此一个接一个地将对话进行下去。

第四，创设质疑情境，使学生不再机械地接受教师所讲的知识，而是主动地进行探索，发展个性和创新性。让学生学会质疑，不随意认同他人的观点，也不完全依赖于现成的答案和方法，要能够挑战固有思维，形成自己独立的判断、思考和见解。质疑精神鼓励学生打破定势思维，去除经验束缚，不受习惯制约，敢于挑战权威。这也有利于学生形成发散性思维，使其在理解的基础上学习。

（三）通过小组合作帮助学生思维发散

小组合作的学习方式可以依次进行：教师设置一个问题情景，学生在独立思考、探究和实践后，将所得成果在小组内交流讨论，或通过一些小组活动的形式，合作学习。这种学习方式不仅能够给学生更多地使用语言表达观点的机会，亦可以使学生在交流中不断修正、完善自己的观点。除此之外，由于小组活动要求每个学生对课堂的参与，它能够在课堂上营造一个良好的互动氛围，这给了学生更多的学习自由，可以探讨自己感兴趣的题材，发挥学习中的自主性地位。语言课堂上的活动应当尽量以鼓励学生创造性思维为目的，这与启发性的教学原则相吻合，它能够激发学生强烈的学习热情，培养应变能力和想象力，促使学生更为灵活、广泛地思考问题，使学生逐渐具备独创的、变通的、流畅的、敏锐的思维方式，使学生敢于创新，有助于学生智力的发展。

二、日语教学实践中学生创新能力的培养

新一轮课程改革以培养学生创新能力为核心，力图使学生跳出课本框架，活学活用，培养出更有创造力、更聪明的学生。针对这一要求，日语教师要展开日语教学改革，在教学中解决创新能力培养的问题。

（一）倡导合作互动，灵活运用教材

"针对教育对象，倡导教育对象的合作互动、活化教材，是拓展创新思维空间的有效方式之一"。图文信息是静态的，教师要使它们动起来，鼓励学生发挥想象力以再现情景，

增大课堂信息的丰富度，提升课堂的趣味性，这样会使教学效率得到提升，使学生的创新思维得到拓展。也可以采用小组合作的方式，把学生分成若干小组，根据课文内容学生在教师的指导下对情境进行模拟。在情景模拟中教师要鼓励学生在课文基础上发挥创造性，大胆创造，这样通过情境演示，学生既能更加熟悉课本上的知识点又能对自身的语言思维和创造思维进行培养。同时，学生自编对话，自己展示，能使他们在众人面前敢于开口表达，这对学生语言实践能力的获得有积极作用。

（二）倡导环节结合，灵活把握知识

教师的正确引导有利于学生对基础知识的掌握，而教师对科学的学习方法的传授更有利于提升学生的学习能力。在学生开始学习日语时，语言基础较差，需要教师精心地设置针对学生水平的学案，学生要在每个单元课文的学习中将自学探究、合作学习和运用创新各环节结合起来。学生在教师的点拨下进行探究，通过自学和合作两种手段掌握知识，再进行运用和创新。教师再选择重点的词汇和句型编写练习，使学生得以对所学的知识进行巩固，真正将语言知识转化为语言能力，这种学习方式，并不会减少学生的学习内容，反而会让学生能够活学活用。学生能够在教师的指导下达到语言学习目标，教师通过教学和引导，鼓励学生发现、提出、解决问题，养成积极思考的习惯。实践证明这种方式对提升学生的自学能力和外语应用能力有相当显著的效果。

（三）倡导启发教学，培养思维能力

"增进创新思维的深度需要启发学生的发散思维能力，鼓励立异标新。教师在教学过程中，可以为学生设置多方位、多角度的思考题，使学生的联想、逆向、类比、横向等思维得以发展"。学生不仅要掌握课本上的内容，还要能够根据所学知识进行深一步的探索和创造，同时在此过程中培养创新能力和创新思维。在学习课文时，教师可以根据教材设置问题，引导学生对于课本内容进行更深层次的挖掘，让学生从不同角度进行思考，以训练学生的思维能力。随着越来越多的日资企业在中国的出现，掀起了学习日语的热潮，为实现日语人才培养目标，深化教学改革，教学过程就变得越发关键。在日语教学中要培养学生的创新思维能力，激发他们的学习兴趣，尽快让他们形成自主自觉学习的习惯，使培养出来的学生不仅能够掌握所学的知识，还能掌握学习知识的方法，学以致用，学能活用。学生应改变语言学习枯燥乏味的学习状态和应试教育中死记硬背的习惯，增加知识的运用性，切实提高学生的综合素质，让学生走出校园就可以游刃有余地运用所学知识投身于工作当中。

（四）倡导创新教育，摸索全新方法

创新教育最根本的理论依据是创新理论，这与深化教育改革的现实需要相搭配。开展日语教学也要和时代相吻合，要创建新的教学模式，摸索新的教学方法。课堂日语教学工作也要紧跟时代步伐。社会不断前进，环境也在不断地发生着变化，日语教学的趋势也有着不一样的特征，课堂日语教学工作要适应新形式的发展，要积极回答这一过程中产生的问题，要很好地解决这一切，需要在课堂日语教学的经验与成果上进行不断创新。不进行创新，一直停留在以前的教学思维和形式上，日语教学的效果就会微乎其微。

1. 创新教育特征

创新教育的目的所在是激发学生的创造兴趣，让学生的创造过程得以展示，创造才能不断前进。究其内在含义，它指老师借助课堂所教授的知识以及所开展的有计划的教学活动，来刺激以及提升学生创造行为的一种全新的教学形式。对老师而言，创新教育需要老师因材施教，改变传统的教学形式，开展具有创造性的思维教学模式。在进行创新化进程时，创新教育的特点被完全展示出来，针对这些特征进行仔细透彻的分析对创新教育的前进有很强的促进作用，具体内容如下：

（1）教育主体的个性。通过创造心理学认为，所有人都有一定的创造欲望，所有人都具备创造性的。每个人的个性都有所差异。教育一定要认可这种区别，同时给予所有人操作的权利与机会，让大家进行选择，找到自己擅长的领域进行发展，通过自身独立的理想与长处进行创造、进行跨越、进行突破。

（2）师生关系的民主化。针对老师而言，假如不知道平等和尊重就不会知道如何去关爱学生。人类社会向往公平、平等、民主以及自由。教育一定要根据价值创建一种互相体谅，互相尊重，由"客体"转变为"主体"的教授方式，学生只有自信积极，才能做到不"唯上"，勇于将自我的观点表达出来，将自己的疑问表达出来；这样才能够灵活形象，主动积极，将热烈的求知欲以及旺盛的创造力展示出来。

（3）教学评价的科学化。教学评价的科学化将个性的重视程度作为指导性标准，由重视共性向重视个性转变，由知识考查向综合能力测评转变，由注重结果评价向重视过程评价转变。学校教育中包含教学评价，它的最终目标是为教学服务。科学评价首先就是要由重视共性向重视个性转变。人类的创造力不单能在科研中得以展示，它在教育、商业、文艺、管理、戏曲、体育以及组织等众多领域都有不俗表现。人们要将对个性的尊重作为评价内容的重中之重，同时也要将其作为进行评价制度改革的指引性标准。除此之外，要由沉重的知识领域的考评向对普通能力考评方向转变，由重视结构评价向重视过程评价转变。

（4）教育方法多样化以及教学手段现代化。教学方式多样化是针对不一样的科目、不一样的学生、不一样的教学信息，要运用不同的教学形式进行搭配，以使学生的智力得到真实的进步，它重视启发性教学。伴随互联网的不断进步，现实生活环境的快速发展，进行创新教育时一定要运用和时代发展相吻合的全新教学形式，比如使用电脑与多媒体，对形象的动态以及知识进行统一化构建，借此刺激学生的爱好以及创新思维，让学生的动手能力得以提升，进而锻炼学生的实践水平以及创新素养。

2. 创新教育在日语教学中的应用

创新素质教育的中心是实践性技能以及创造性思维能力锻炼。对日语教学而言，以前普通的教学形式是老师在课堂上长篇累牍地讲解语法和词汇，学生被动地接受教师的传导。学生的积极性和主动性发挥不出来，对于创新以及能力的锻炼也无从谈起。因此怎样在日语教育的进程中开拓学生思想的宽度，让知识的教导以及全面素质的锻炼相互搭配、一起进步，就相当重要。

（1）创新教育的根本：树立正确的学生观。老师在课堂教学时一定要建立起积极准确的学习观念，做到"对症下药"，实现优秀学生能够获得更多的养分，中等偏下的学生能够切实学习到有用的知识，让所有学生都能够积极加入进来，展开积极竞争，营造一个"个体带团队，团队带一人"的学习氛围，让所有学生都能够有所提升。

（2）创新教育的动机：创设教学气氛。微笑可以让师生关系变得融洽，微笑也是老师转变态度的首要环节。"点头"，表达出来的意思是对对方的一种接受，这是一种认可，是一种鼓舞，它可以让对方将自己的观点不断表达出来。学生观察到老师对自己点头时经常会大喜过望，对老师感到亲切。"专心"是一种比较用心的行为。老师借助手势和眼神以及行动与恰当的语言等形式，聚精会神地和学生进行交流。通过用心的动作，学生可以将自己的思想及理念展示出来，这也是老师尊重学生的一个重要表现。"听他说"讲的是聆听，除通过耳朵听取学生的语言之外，还要通过眼睛观察学生的身体语言。"听"这种形式也是一种全新的解决问题的办法，在大家相互交流时候这有巨大的作用。通过听能够缓解紧张的情绪，无论脾气多么暴躁或是多么激烈的场景，当一方在静静用心聆听时，气氛都会缓解下来。

（3）创新教育的动力：培养参与意识和协作精神。教学时，要将老师的指引作用以及学生的主体作用完全表达出来。第一，要给予学生充分的参与教学的机会，持续刺激与指引学生的学习爱好，给学生供给充足的思维与创造空间与时间。第二，要增强课堂交流，不断增强学生的创新思维以及竞争思维，锻炼学生寻找问题以及解决难题的技能。第三，在课堂上演示日语游戏，随着游戏的运行，学生的想象力和参与意识也得以锻炼。在进行课堂日语教学时,不单可以传授给学生知识,锻炼他们的能力,还可以增强老师和学生之间以及学生和学生之间的情感,促进信息的交流。

(4)创新教育的对策:设疑布阵,激发求知。进行教学时,老师要善于指引学生在没有问题的地方寻找问题,要将激情发挥出来,下意识地锻炼学生寻找问题的技能。老师可以有意识地构建一系列相似问题,让学生按照老师的指引慢慢深入其中,实现豁然开朗、举一反三的效果,也能让学生根据老师的指引自己主动寻找、分析,同时得到结果。第一要指引学生时常转变角色看待问题,多提出疑问,这样学生就可以从多方面分析不同之处;第二,指引学生展开想象,针对学生开展发散性思维练习;第三,可以协助学生整理、汇总、寻找新的难题。

(5)创新教育的关键:重视学法指导,培养自学能力。优化教育的重要准则是教授学生学习方法。因此指引学生找到合理的学习方法,锻炼科学的学习习惯以及自学技巧,刺激学生学习的主动性是创新教育的核心。锻炼学生自学技能的方法有:日语知识抢答、创建日语角、举行日语演唱比赛等。借助多种方法可以使学生主动思考、行动。"让学生在这个过程中感受到启示和鼓舞,引发想象,增强创造动能,锻炼以及增强创新技能"。

第二节 大数据背景下日语混合式教学模式及实践

随着移动互联网技术的发展,依托互联网及大数据技术支持下的移动终端教学软件,开展高校混合式教学方法的改革成为近年学者们关注的焦点。与传统日语教学模式相融合的混合式教学模式,更符合国家教育改革的需求。正如教育部2018年发布的《教育信息化2.0行动计划》中对高校教学提出的建议中所言:"构建智慧学习支持环境,加快面向下一代网络的高校智能学习体系建设,加强教育信息化学术共同体和学科建设。"作为培养应用型复合人才为目标的院校,应积极将混合式教学运用于具体课堂教学中,方能全面提升教与学的质量,促进师与生的全面发展。

一、教育大数据与混合式教学

(一)教育大数据

大数据最早源于经历信息大爆炸的学科,尤其是天文学、基因学等学科。大数据的影响遍及互联网技术、电子商务、超级计算、环境科学、生物医药等多个领域。大数据的迅猛发展已经渗透到与人们生活密切相关的各行各业。与此同时，也为教育的发展带来了新的机遇与挑战，教育大数据成为学界关注的热点。教育大数据是面向教育全过程时空的多种类型全样本的数据集合。教育大数据是将教学过程中静态和动态的所有数据作为收集对象，利用大数据技术来影响管理、教学、学习、评价等具体业务，并且在教学情况分析、因材施教的具体实施、学生学业动态追踪等方面体现其价值所在。

（二）混合式教学

混合式教学是基于互联网技术的教学与传统教学相结合的教学模式。混合式教学就是将传统教学方式的优势和网络化学习的优势结合起来，也就是说，既要发挥教师引导、启发、监控教学过程的主导作用，又要充分体现学生作为学习过程主体的主动性、积极性与创造性。在具体的教学过程中，混合教学模式的实施包括：教学资源、教学方式、教学工具、交互方式、学习方式、教学评价六个方面。在开展实际教学的过程中，应采取线上线下相结合的教学模式，充分利用来自不同网络平台的教学资源，灵活采用最有效的教学方法，使教学设计更合理、更科学，引导学生发挥主观能动性积极参与到学习中，以此促使教学效果的大幅提高。

二、大数据背景下日语混合式教学的实施

日语混合式教学模式，是充分利用大数据技术支持下的移动终端教学软件，将其应用于日语教学，在课程实施过程中，采用"线上—线下—线上"三个阶段相结合的教学模式。

（一）课前的准备阶段——预习、自测

课前准备阶段主要依托移动终端教学软件实施，教师将教学资源发布至教学软件平台，并上传学习任务单。该阶段的教学资源主要为与本章节内容相关联的课件、视频、图片、自测题等内容。学生及时登录平台，查看预习任务，着手准备任务单中列出的具体预习要求，记录预习过程中遇到的难点，完成并提交规定的自测题。教师在授课前登录平台动态查看学生学习任务完成进度，根据学生的完成情况督促、鼓励学生积极参与，参考平台反馈数据了解学生的薄弱点所在，及时调整课堂教学重点。

（二）课堂的教学阶段——讲解、讨论

课堂教学阶段注重传统的课堂讲授与线上平台互动的结合，课堂讲授过程中，应充分使用传统的多媒体设备提高教学的效率。教师作为课堂讲授的实施者，结合预习阶段的反

馈数据，引导学生开展一系列教学活动，包括签到、投票问卷、头脑风暴、学生讨论、小组发表、举手抢答等。学生积极参与到上述各项教学活动中，营造活跃的课堂氛围，激发学习兴趣。

（三）课后的复习反馈阶段——测试、巩固

课后复习反馈阶段是在该章节教学内容完成后，教师对学生学习效果的评测，主要关注是否实现了预期的教学目标。教师使用平台的投票问卷、测试、作业任务等功能上传课后拓展练习，设置相应的经验值以鼓励学生。学生在前两个阶段学习的基础上，需认真做好复习与总结，并按时完成教师上传的后测练习。

三、大数据背景下日语混合式教学的效果

在日语混合式教学的实施过程中，学生是教学的主体，教师充当引导者的角色。在实际教学过程中，运用于日语教学中的混合式教学模式的效果已逐渐凸显。移动终端教学软件的可携带性为学生随时进行学习提供了可能，网络上丰富的教学资源为学生深入学习提供了便利。依托教学平台，教师可以及时跟踪学生的动态学习数据，掌握学生的学习进展。共同解决新型教学模式中出现的问题，为教师之间的合作共建提供了契机。具体教学效果如下：

第一，激发学生的学习兴趣。日语是一门应用型学科，混合式教学有利于学生将理论知识与实践相结合，激发学习兴趣。学生借助教学平台获取与课堂教学密切相关联的教学资源，无须浪费大量时间在海量数据中筛选，高效地利用有限的学习时间。利用教学平台，教师布置相应的教学任务，学生自主完成平台学习。教师根据平台统计的数据实时跟踪学生的完成进度，督促、鼓励学生，在平台上使用点评、经验值奖励等功能实现扩展性教学，组织师生讨论、生生小组讨论。学生利用移动终端教学软件，在任何有网络的环境下均可进行自主学习，并能根据自身兴趣选择符合自己的方式进行学习，提高学生的创造力与解决问题的能力。实践证明日语混合式教学很好地践行了以学生为本的教育理念。

第二，督促教师的教学活动。在大数据背景下，教师应积极发挥主导作用，加强对学生这一教学主体的指导。混合式教学对教师也提出了更高的要求，无论在教学设计、教学组织等课程总体实施方面，抑或是教学课件、教学任务设计等具体内容方面，都要求教师投入更多的精力与时间充分备课。如果教师的课程设计缺乏合理的教学规划、有趣的教学内容，在没有教师随时监督的课后阶段，很难激发学生的学习主动性，提高学生的学习能力、学习效果也成为空谈。因此，日语混合式教学可以督促教师选取贴近时代发展的教学内容，采取行之有效的教学方式，进而激励教师自身教学水平与综合素质的提升。

第三，提高教学团队的水平。传统的日语教学主要是教师本人具体实施备课、授课、评价等环节，与此相对，混合式教学的在线课程则需要教学团队的协作，分工完成教学资源的准备、师师交流、师生互动等。借助教学平台上传的数据是面向所有学生的教学资源，其他年级的日语专业学生也可以使用平台进行提前学习或知识巩固。混合式教学实施过程中，主讲教师间合作交流有利于学生高效利用平台数据进行学习。由此可见，日语混合式教学亟待日语教师间的合作共建。通过定期召开线上线下交流讨论会，互相学习扬长避短，提高教学团队的整体素质与水平。

第四，利于实施过程性评价。日语混合式教学评价在传统终结性评价的基础上，结合过程性评价与实践性评价于一体，加入学习过程中的参与度、互动性、目标达成情况等方面的评价，积极开展教师评价、学生自评、同学间互评，实现全方位的教学评价。有赖于师生间的配合、学生间的合作而实现的多功能合一的教学评价，有利于端正学生的学习态度，激发学生的学习热情，营造良好的学习氛围，提升学生的学习效率与质量，促使学生专业水平、学习方法、团队协作能力的综合提升。

第三节　信息化背景下日语教学翻转课堂的应用实践

一、信息化背景下日语教学翻转课堂的应用价值

翻转课堂是基于信息技术辅助下，专业教师结合教材内容开展的教学活动。在翻转课堂教学中，教师与学生之间交流互动更加频繁，学生能够积极主动参与到教师设计的各项教学活动中，共同去探究学习专业知识内容，完成教师布置的教学任务，学生在实践中能够培养自身的自主学习能力、应用能力和团队合作能力。本章以翻转课堂为核心，论述了日语教学导入翻转课堂的价值、日语翻转课堂教学原则与问题以及基于翻转课堂教学实践与注意事项。

（一）翻转课堂的历史起源

大数据时代背景下，伴随着新理念和新技术的不断涌现，信息技术与课程的整合也日渐深化，与之相适应的教学改革也呼之欲出。当下，翻转课堂成为国内外教育改革的新浪潮，为教与学的进一步发展拓展了教学思路。翻转课堂起源于美国科罗拉多州落基山林地公园高中的两位化学教师乔恩·伯格曼和亚伦·山姆，是由于他们将实时讲解和PPT演示相结合的视频上传到网络而引起世人的关注。2011年，萨尔曼·可汗在TED大会上的演

讲报告"用视频重新创造教育"中提到：很多学生晚上在家观看可汗学院的教学视频，第二天回到教室做作业，遇到问题时则向老师和同学请教。这与传统的"老师白天在教室上课、学生晚上回家做作业"的方式正好相反，因此被命名为"翻转课堂"。萨尔曼·可汗和其创立的可汗学院的里程碑式推动作用，使翻转课堂成为众多教育者关注的热点，并一跃成为全球教育界关注的新型教学模式，在加拿大的《环球邮报》上被评为 2011 年影响课堂教学的重大技术变革。翻转课堂的出现，也为外语教学提供了一种新的教学方法。

（二）翻转教学在日语教学中应用的必要性

翻转课堂与传统课堂相比，其优势在于将学习者置于一个以问题为主要线索的教学活动环境，翻转课堂不以教学视频为核心，而是将探究性学习和基于项目学习带来的自主学习，以及对传统教学流程的颠覆和"以学生为本"理念作为真正的意义所在。日语教学应用翻转教学十分重要，具体内容如下：

第一，翻转课堂翻转的是教育理念，翻转课堂从根本上颠覆了传统的知识传递与内化的过程，是真正贯彻"学生主体，教师主导"的教学良策，是一场教育理念创新的革命。

第二，翻转课堂的在线资源包的开发和应用是优质教育资源的共享，有助于向不同的学生提供高质量、多样化的教育服务，有利于培养过程的改革和人才培养类型层次结构的架构。

第三，翻转课堂翻转了传统的教学流程，学生课下学习知识性内容，课堂上内化知识、准确认知、巩固提高，既推动了教学方法和模式改革，也有助于整合传统课程结构，如专业基础课课堂教学的知识传授压力减小，能力训练的时间增强，可以适当合并听力课和会话课，相对扩大综合日语（精读）课的教学时数等，调整优化学科专业结构，建立教学内容的更新机制，推进课程改革，促进教材结构、体例更新，从而真正做到深化教育教学改革。

第四，翻转课堂无论是课上还是课下，都强调学生创新学习、积极思考、主动参与、提高能力素质，其在教学方法上更加注重发挥学生的主体作用，提高实践能力。高校人才培养质量改革方案的突破口在于提升学生的实践能力，推进素质教育，着力提升学生的社会责任感、创新精神和实践能力。

第五，翻转课堂的在线实时评估和系统评估系统的应用，为实现"摒弃唯考试评价、唯分数论"提供了可能。学生线上线下自主学习能力的训练，为学生终身学习习惯的养成提供了帮助。

二、信息化背景下日语教学翻转课堂的教学原则

第一，以人才培养计划为根本进行翻转教学。翻转课堂模式进行应用这一问题是传统

教学设计中描述的教学流程或活动无法解决的。只有从教学内容、环境、资源以及教师的培训和课程内容等方面，进行系统化的课堂教学改革，才可以适应如今的在线学习趋势。翻转课堂所特有的内在特征从总体设计角度出发，对日语课程提出了要求。想要借助翻转课堂模式对日语教学方式进行改变，使教学质量得到提升，需要实现全部课程设计的统一性，而非进行局部内容调整。因此，翻转课堂在实施的过程中，首先要实现课程安排相互补充。这其中包含课程内部的，以及不同课程之间的相互补充。例如，在同一天内，不要安排过多的翻转课堂，如果在同一天多次安排相同课程，就可以将包含翻转课堂在内的多种课型进行配合式安排。其次，教师要控制所安排的时间总量。除日常教学外，高校中的日语教师还需兼顾科研任务，以及一部分需要进行事务性工作。教师对翻转课堂进行研究的时间会因其他非教学事务受到挤压。此时，实施翻转课堂会因教师没有充足的时间而受到影响。最后，是学生所具有的总的自学时间。学生只有有限的时间来完成作业。将翻转课堂任务设置在每门课后，会给学生带来过重的学业负担，此时的学习效果无法达到最佳水平。因此，对翻转课程的设计需要考虑其合理性，在什么样的课程、什么样的课程内容，以及哪一个时间段进行开展，都应有所考虑，不同的教学计划，以及对人才进行培养的具体方案进行设计规范化的统一安排，会使教学中的多元化模式更加有效地在不同课程教学中进行应用。

第二，以知识型课程与综合型课程为主进行翻转教学。偏重技能型课程的教学任务主要是提高学习者对已学习知识的熟练程度，新知识教学任务偏低，如果采取翻转课堂教学模式，可以考虑分阶段翻转（例如，写作课上归纳请求、道歉、允许等表达方式进行总结性翻转）、分目标翻转（例如，听力会话课制作同话题场景视频短片等，提供课前学习话题、素材）。偏重技能型课程教学任务需要通过教师与学生面对面地进行思想交流、观点交锋、情感沟通、语言交际才能完成。翻转课堂教学模式重视学生的自我学习、自我体验，教师的责任是协助指导，在师生间思想交流和观点交锋方面，翻转课堂教学模式会弱于传统教学。因此，偏重技能型课程的翻转难度较之偏重知识型课程要更大一些。所以，技能型课程的翻转建议要控制使用。在课堂教学中，无论在知识型还是综合型的课程中在对课型进行选择时，课型的种类并非单一，其中还含有新授、复习、巩固、练习等多种课型。不同课型所包含的重、难点也是不尽相同。后面几种课型均为将知识进行重复性内化的课程设置，而只有新授课能将知识首次进行内化。从翻转课堂具有的优势可以得知，新授课最适于翻转。

第三，以教材为主进行翻转教学。在实施翻转课堂教学模式时，要综合考虑每节课、每个知识点中可以翻转的内容。教材应当作为进行翻转内容选择时的根本依据，对知识点进行反转的依据是教材中所包含的重难点。由于在教材编写过程中，将科学体系以及教学研究原则作为基础依据，面向的教学对象更具针对性，教材的内容逐渐深入、接近难点。在保证科学系统的同时，兼顾连贯性和知识当中具有的内在联系，教材框架具有合理性，想要选择合适的知识点进行翻转，只需对教材进行合理分析。在这样的教学模式下，学生可以在上课前对本节课程内容中听、读、了解、记忆以及初步的分析部分进行翻转。在课堂教学当中，可以在教师的引导下完成对知识应用方法的教学，对疑问的解答，教师可以组织学生进行讨论，帮助学生们构建知识的框架。

第四，合理设计制作互联网资源包进行翻转教学。在实施课堂翻转的过程中，制作网络资源包是关键所在，它直接影响着翻转方式。例如，在"综合日语"教学过程中，句法是基础阶段的重点知识内容，在进行网络资源包制作时，应将语言的特点和规则作为重点考虑内容进行归纳和总结，从而帮助学生认知和记忆。除此之外，句法体系中的结构性相对较强，知识点呈现出板块性。因此，无论是知识点翻转还是知识体系中存在的架构都应该被考虑在网络资源包的制作过程内。此时，可以对"阶段归纳、专题总结"方法进行应用。在安排翻转内容的数量时，要进行合理设计，以保证内容对学生的学习是有利的。

第五，结合教学目标采取灵活多样的翻转教学。在翻转课堂中，第二次知识内化相当重要，即课堂教学。学习互动是翻转课堂教学模式中最为主要的内容，其可以是学生之间或是教师与学生之间的互动。互动模式多种多样，根据教学条件、对象、内容以及环境等方面的不同可以进行灵活调整。从教学策略设计角度看，它既包含一般设计，同时还包含三个相对特殊的设计，教师可以对其进行使用，具体内容如下：一是，及时评价策略。这是一种可以通过线上或线下进行评价的方式，其形式包含测验、作业或提问等。对于这一环节的加强可以帮助教师第一时间掌握学生学习情况，避免学生出现对知识理解不够深入的情况。其作用在强衔接性的课程中的表现尤为突出。二是，课内翻转策略。无论是在教学的某一环节还是整个流程中，翻转教学都可以被应用的。在传统教学模式中，通常情况下老师会在大部分时间内进行课程讲解，少数时间进行练习。在翻转教学中，可以对这一情况进行翻转，也就是让学生们首先自主学习课程内容，接下来请老师对课程内容进行讲解，并且及时做出评价。这种全新的教学方式可以帮助学生更好地进行知识掌握。其与目前常用的翻转教学之间的差别在于它仅出现在某一节课堂中。无论是良构还是非良构知识均可以使用这种模式，不过也要与实际情况进行结合。三是，角色翻转策略。所谓角色翻转策略就是在实际教学中将师生的角色互换，老师做学生，学生当老师（即小老师），让学生把自己所学的知识通过教给别人的方式进行领悟和应用。这种翻转模式的运用较为灵活，可以是小老师讲，学生听，也可以是学生先学习，然后小老师答疑。这种模式建议在良构知识范畴内运用。如果知识点过于复杂，学生理解不透的话，用小老师答疑，反而会影响整体教学进程。

三、信息化背景下日语教学翻转课堂的重要意义

第一，翻转课堂的实践应用可以让学生自己掌控学习节奏。授课前，学习者可以根据自身情况，利用教学视频来合理安排和掌控自己的学习进程。学习者可以在完全轻松的氛围中完成这种课外或在家观看教学视频的过程。对于不会的、因分心而跟不上的部分，学习者可采取倒退重新观看的方式，避免在课堂集体教学方式中因不同原因而跟不上教学节奏的担忧。日语学习需要不断思考、记忆和巩固，这种方式让学习者可以自己掌握观看教学视频的节奏快慢，会的部分跳过或快进，思考的时候暂停，不明白的部分返回、反复观看，甚至还可以通过各种信息手段及时向日语教师或学习伙伴们寻求帮助。

第二，翻转课堂的实践应用可以重新建构学习流程。翻转课堂是对传统教学模式的颠覆，它不再局限于讲课、听课、作业三点。在翻转课堂中，学生会在上课前完成学习，课堂则变成了一个答疑解惑的环节，它帮助学生对学习的知识进行框架重构。对学生遇到的困难，教师可以进行提前了解，在课堂中可以对学生进行相应辅导。学生之间的交流可以帮助知识进行高效的吸收内化，从而使教育效果得到进一步提升。

第三，翻转课堂使日语课中的互动效果得到提升。其具体表现为教师与学生之间以及学生与学生之间的互动。教师由知识的呈现者转变为学生学习的指导者，通过角色的转变教师在课堂互动中的作用得以提升。教师可以有更加充足的时间与学生交流，在沟通的过程中了解学生存在的问题，并针对性地就学生存在的疑问进行解答。教师可以拥有充足的时间对学生存在的共性问题进行评价，让学生们建立辅导小组，是通过小讲座的形式指导学生如何解决问题。随着参与教学双方各自身份的转变，缩短了师生之间的距离，教师起到的作用是在引导学习者学习，而不是单纯地发出指令。学习者的任务则是探究学习，也不是单纯地接受指令。

四、信息化背景下日语教学翻转课堂的具体措施

第一，创新应用翻转课堂教学模式。基于翻转课堂教学模式下，日语教师可以充分利用学校的网络资源，结合教材内容和学生日语学习需求，有针对性地设计制作精美的日语课堂教学视频，尽量保证视频内容的丰富有趣性，能够有效吸引学生在日语课堂中的注意力，实现翻转课堂的教学目标。日语专业教师之间要加强相互讨论和研究，相互提供科学的日语视频教学方案，要注重不同学习层次的日语专业学生学习情况，分别录制准备好不同难度的视频，这样有利于不同学习层次学生均可以通过视频学习掌握相关日语知识。教师可以根据学生实际学习能力，将学生相互分成各个学习小组，小组成员之间讨论交流，

共同探讨解决问题，这样一来就能够最大限度地提升学生的日语学习综合能力，帮助教师顺利完成课堂教学任务。

第二，科学制订课堂教学方案。日语专业教师需要正确地认识到学生在日语方面学习能力是参差不齐的，教师在教学方案设计上必须坚持因材施教的教学理念，不能单一选择一种教学材料或者教学方法，不然会难以实现理想的日语教学效果。比如，针对不同日语学习基础水平的学生，日语专业教师可以通过将层次教学法与翻转课堂有效结合在一起，将翻转课堂中的教学视频设计成三个不同层次，分别是简单、适中以及困难。在视频教学中，日语教师要发挥出自身引导者身份的作用，科学指导学生运用正确的日语学习方法，让学生相互之间进行单词语调发音训练，纠正他人发音的不足之处，借鉴他人学习所长，这样能够促进学生日语学习相互发展进步。

第三，合理指导学生观看学习视频。在日语教学中，教师要高度重视学生学习过程中日语实践能力的培养，而不只是关注到学生的最终考试成绩。在课堂日语视频内容教学过程中，教师要合理指导学生观看视频，结合视频中教师提出的问题进行思考分析，教师要给予学生充足的课堂留白思考时间，进行对视频内容的反思总结。教师可以让学生合理利用好视频暂停回放功能，记录好自身的疑惑，在视频观看后提出问题，让学生之间进行相互讨论分析，参与到实际问题解决活动中，提高学生的日语学习综合能力。翻转课堂模式下的日语教学是以学生交流探讨方式进行的，学生自主学习是翻转课堂的核心内容，教师要着重培养学生的自主学习能力和问题思考分析解决能力。

五、信息化背景下日语教学翻转课堂的注意事项

（一）终端硬件支持

学生必须持有一个信息化终端，例如，上网本、学生电脑、手持式智能设备、电子书、电子书包等新型学习工具，如果缺乏硬件条件就无法实施这一模式。

（二）资源包内容选择与制作

第一，教师在对翻转知识点进行分析和选择时，需要将教学所要达到的目标，学生原本的基础，知识点之间的联系以及所具有的学科属性等多重因素考虑在内。

第二，教师需要对学生掌握新知识的详细情况进行准确把握，这样才能正确地进行学情分析，从而对学生存在的问题进行针对性指导。

第三，通过互联网建立师生交流平台。可以通过社交软件或网上学习云平台来进行视

频、PPT或音频文件的分享、互动。

第四，教师应该根据学习计划以及课程内容，对各种形式的学习资料进行筛选，保证学习资料的精简性。资料的形式包含有PPT、音频、图书和视频等，资料的最佳时常在20分钟以内。同时，还需保证条理清晰，具有突出的重点，语言精简，主题明确等，其主要目的在于帮助学生进行知识框架的搭建。

第五，在学习过程中，搭配相应的练习十分必要。练习的内容中需要包含对重难点知识的检测，对思考的启发内容，对知识点的整理和归纳等。在难易程度的选择上，最好保证学生能够独立完成，在题量安排上不需过大。

第六，学生需要对资料进行查阅，教师要能为其提供相应资源的网络链接地址以支持学生。除此之外，教师还需要制作视频材料以及PPT，设计练习题，或提供电子版参考书以及目录，使学生能够由理论转化为实践，推动学生思考。

第七，在学生进行在线学习时，教师可以通过云平台对其学习时间进行记录，从而对其学习情况进行监控，根据作业的完成情况对教学话题进行准备。当个别学生自学遇到困难时对其进行帮助，对学生日常成绩进行记录，并以此换算为期末分数。

（三）学生的自主学习的意识

第一，学生在课下一定要自觉完成教师布置的学习任务，初步形成自己的理解并记录下疑惑之处，在课堂上教师将会通过各种活动帮助学生进一步深入理解并应用所学知识。

第二，积极参与课堂讨论。学生通过讨论，可以交流学习方法，并营造合作需要的宽松民主氛围，不仅可以增进同学彼此之间知识、情感交流，而且也可以使每个学生都参与到学习中来，充分、自由发表自己的意见，找到自己。

第三，提高自己的信息素养，观看视频之余，还需要到互联网上进行资料检索，进而通过网络教学平台与教师和同学进行沟通交流等。

第四，教师在课堂当中的引导。①要点评学生自学情况，鼓励大家认真学习，调动自主学习积极性。②每节课要让学生明确学习任务和具体要求。任务应当尽量保证专一，同时具有具体要求，以节省学习时间，提高学习效率。通常情况下课堂活动包含对学生问题的解答，对于重难点的解释，共同讨论，以及实验探究等部分。教师在进行课堂任务的设置时，需要与学生的学习情况和学科特点相结合。③教师对课堂保证有效监控。教师在巡视课堂整体情况的过程中需要关注的重点问题是学生是否进行认真的讨论，是否全部人员进行参与，组内是否因为观点不同产生冲突，学生是否在讨论的过程中出现观点的偏移，及时了解讨论进度等。教师参与讨论的目的在于平息矛盾，提升学生的参与度，让每个人都能表达自己的观点，保证时间得到合理安排，按照约定的进度进行。通过启发式提问的形式引导学生思考，进而对问题进行解决。④课堂讨论和成果发表的指导方面，鼓励发散思维，鼓励积极参与，少做标准答案式提问，以能力培养为目标，多提启发思考的问题。⑤对课程进行归纳的人员可以是教师或学生代表，这与教学效果是否按预期完成有直接关系。若未达到预期目标，那么归纳总结可由教师来进行，以使学生们的认识得到提高。除此之外，教师也需要反思是否应在学习资料中添加必要的知识点，同时还要对线上资料进行补充。⑥课堂作业由两个部分组成，第一部分是对本次教学内容的进一步的巩固，并向学生提出新的要求。第二部分是明确学生下次自主学习的要求，对学生的新一轮学习进行指导。

第五，课堂结束后的反思反馈。①需要整理通过课堂讨论发现的问题，将之前没有考虑到的，而学生又提出质疑的部分补充到线上课件中，为今后的学生回看、复习、巩固提供帮助，完善课件内容；②教师要线上回答学生提出的个别问题，批改学生作业；③给有能力、有兴趣的学生提供合适的补充练习材料，可适当提高难度，提供参考答案。

翻转课堂的成功必须具备三个要素：课堂活动、自主学习、技术支持。除此之外，对学生特征以及教学目标的准确分析也十分必要。相较于传统课堂教学，翻转课堂在这些方面有着更深和更广的要求。比如，在对教学目标进行分析时，可以细化到每一个知识点，教师经过多层级目标的设定，通过问答、练习等方式对学生的完成情况进行了解。而在教师对学生特征进行分析时，其在进行在线学习时所关注的兴趣点，技术水平，以及持久度都应被考虑在内。

参考文献

[1] 陈朝琰. 信息化时代中日跨文化交际语言观测与应用——评《中日跨文化交际研究》[J]. 人民长江, 2022, 53 (4): 235-23.

[2] 楚永娟. 体验式教学模式在高校日语教学中的应用 [J]. 教育探索, 2012 (1): 29-31.

[3] 杜佩娟. 多媒体网络技术在大学日语教学中的应用研究 [J]. 人才资源开发, 2015 (14): 178-179.

[4] 胡环. 日语读解教学创新研究 [J]. 中国成人教育, 2011 (3): 130-131.

[5] 黄晋. 面向全球通用商科人才培养的日语二外课程体系构建 [J]. 职教论坛, 2012 (17): 55-5.

[6] 姜柳. 生态心理学视阈下动词属性谓语句成立机制及其意义探究 [J]. 外语学刊, 2022 (1): 29-34.

[7] 姜洋. 物联网环境下新商务日语微课程教学模式 [J]. 外国语文, 2016, 32 (4): 146-149.

[8] 教育部基础教育课程教材专家工作委员会. 义务教育英语课程标准 (2011 年版) 解读 [M]. 北京: 北京师范大学出版社, 2012: 11.

[9] 金兰兰. 中日茶文化对比在日语教学中的渗透 [J]. 福建茶叶, 2020, 42 (11): 150-151.

[10] 李明姬. 日语教学与思维创新研究 [M]. 成都: 西南交通大学出版社, 2017: 103.

[11] 李冉亭. 浅谈日剧在高职初级日语教学中的应用 [J]. 福建茶叶, 2020, 42 (4): 21.

[12] 廖真辉. 创新教育在大学日语教学中的应用 [J]. 大家, 2010 (10): 210.

[13] 刘思辰. 基于 PBL 教学法的高校日语教学模式改革创新——评《国际化视野中的专业日语教学改革与发展研究》[J]. 热带作物学报, 2021, 42 (7): 2188.

[14] 柳玲. 日语教学中培养大学生创新思维能力的策略研究——评《日语教学与思维创新研究》[J]. 外语电化教学, 2018 (5): 99.

［15］马聪丽.高校日语教学中融入茶文化思维探析［J］.福建茶叶,2021,43（12）:126-127.

［16］马宵月.创新日语教学模式培养现代日语人才——评《日语教学法》［J］.山西财经大学学报,2021,43（9）:131.

［17］裴玺.多媒体技术在高校日语听力教学中的应用分析［J］.湖北函授大学学报,2017,30（10）:106-107.

［18］彭丽萍.信息技术在翻译教学中的应用研究［J］.机械设计,2021,38（6）:151.

［19］曲朝霞.创新型日语人才的培养及实施策略［J］.职业技术教育,2010,31（35）:41-42.

［20］荣桂艳.跨文化认知语用分析在日语翻译教学中的应用［J］.教育教学论坛,2014（48）:190-191.

［21］申冬梅."互联网+"时代基础日语智慧课堂教学模式设计——评《"互联网+"时代的日语教学模式探究》［J］.中国科技论文,2022,17（1）:124-125.

［22］唐磊.日语教学论［M］.南宁:广西教育出版社,2020:3-8.

［23］田慧生.教学环境论［M］.南昌:江西教育出版社,1996:7.

［24］田婷婷.《基础日语》信息化课程教学设计探究［J］.中外交流,2021,28（2）:20-21.

［25］王琪.日语教学理论及策略［M］.北京:外语教学与研究出版社,2017:3-105.

［26］王琪.日语语音翻转课堂教学模式及虚拟学习空间支持系统研究［J］.黑龙江高教研究,2017（1）:159-161.

［27］王士举.信息化平台与日语教学资源库建设研究［J］.信息记录材料,2020,21（12）:60.

［28］杨君.创新教育在日语教学中的应用与实践——评《日语教学与思维创新研究》［J］.炭素技术,2019,38（3）:71.

［29］杨峻.我国日语专业学习者的日语生态问题［J］.学术探索,2013（5）:99-102.

［30］于琰.高级日语学习者的语言学习策略——基于广东外语外贸大学的调查［J］.日语学习与研究,2010（3）:89.

［31］余耀.跨文化教育在日语教学中的应用价值探究——评《日语教学与思维创新研究》［J］.中国教育学刊,2020（8）:133.

［32］赵春光.应用型本科院校日语专业教学改革的实践［J］.职业技术教育,2017（29）:5.

［33］赵宏.日语专业本科创新型人才培养的教学流程再造［J］.教育科学，2021，37（2）：39-45.

［34］赵建农.信息技术在日语教学实践中的应用［J］.现代职业教育，2016（9）：109.

［35］赵磊.信息化技术在日语教学中的实践运用——评《教学设计的新领域：信息化教学设计》［J］.中国科技论文，2020，15（1）：152.

［36］智晓敏，郑光峰.环保教育在日语教学中的融入［J］.环境工程，2021，39（11）：214.

［37］邹燕.基于日语教学中茶类词汇文化内涵的差异影响因素研究［J］.福建茶叶，2019，41（4）：214-215.